Der Vormund

Gegenvormund, Pfleger und Familienrat

nach dem Bürgerlichen Gesetzbuch, dem Reichsgesetz über die Angelegenheiten der freiwilligen Gerichtsbarkeit und dem Ausführungsgesetz zum Bürgerlichen Gesetzbuch.

Ein praktischer Leitfaden

von

F. Baum,

Amtsgerichtsrat und Vormundschaftsrichter des Amtsgerichts Görlitz.

Preis einzeln 50 Pf.,
von **25** Expl. ab à **40** Pf., von **50** Expl. ab à **38** Pf.,
von **100** Expl. ab à **35** Pf.

Berlin 1899.
J. J. Heines Verlag.

Der Vormund,

Gegenvormund, Pfleger und Familienrat

nach dem Bürgerlichen Gesetzbuch, dem Reichsgesetz über die Angelegenheiten der freiwilligen Gerichtsbarkeit und dem Ausführungsgesetz zum Bürgerlichen Gesetzbuch.

Ein praktischer Leitfaden

von

F. Baum,

Amtsgerichtsrat und Vormundschaftsrichter des Amtsgerichts Görlitz.

Berlin 1899.

J. J. Heines Verlag.

Vorwort.

Die vielen mit dem Bürgerlichen Gesetzbuch, dem Ausführungs- und Einführungsgesetz zum Bürgerlichen Gesetzbuch und dem Reichsgesetze über die Angelegenheiten der freiwilligen Gerichtsbarkeit am 1. Januar 1900 in Kraft tretenden Neuerungen und Abänderungen des bisher geltenden Vormundschaftsrechts haben den Verfasser dieser kleinen Schrift veranlaßt, die gesetzlichen Bestimmungen, auf welche der Vormund, Gegenvormund, Beistand, Pfleger und das Mitglied des Familienrats zu achten haben, zusammenzustellen und an dieselben seine bisher in der langjährigen Praxis als Vormundschaftsrichter gesammelten Erfahrungen zu knüpfen.

Verfasser hofft, mit diesem Büchlein den Vormündern, Gegenvormündern, Beiständen, Pflegern und Mitgliedern des Familienrats einen Leitfaden zu geben, der sie in den Stand setzt, im Verein mit dem Vormundschaftsgericht das Beste der ihnen anvertrauten Mündel zu fördern und damit sich das Bewußtsein zu schaffen, das ihnen anvertraute Ehrenamt nach bestem Wissen geführt zu haben.

Um freundliche Aufnahme dieses Werkchens bittet

Görlitz, im September 1899.

Der Verfasser.

Inhalts-Verzeichnis.

Seite

Gegenvormund.

Pfleger.

Abkürzungen.

Abs. = Absatz.
A. G. z. B. G. B. = Ausführungsgesetz zum Bürgerlichen Gesetzbuch.
Allg. Pr. L. = Allgemeines Preußisches Landrecht.
Art. = Artikel.
B. G. B. = Bürgerliches Gesetzbuch.
E. G. z. B. G. B. = Einführungsgesetz zum Bürgerlichen Gesetzbuch.
J. M. Bl. = Justizministerialblatt.
Pr. Vorm.-Ord. = Preußische Vormundschafts-Ordnung.
R. G. ü. d. A. d. fr. Ger. = Reichsgesetz über die Angelegenheiten der freiwilligen Gerichtsbarkeit.
Rescr. = Rescript.

Vormund.

A. Einleitung.

Entsprechend der Preußischen Vormundschafts-Ordnung kennt das bürgerliche Gesetzbuch Vormundschaften und Pflegschaften. Von dem in der Pr. Vorm. Ordn. aufgestellten Kriterium weicht es jedoch ab, indem es alle Fälle der vormundschaftlichen Fürsorge für geschäftsunfähige oder in der Geschäftsfähigkeit beschränkte Personen, insofern das Fürsorgebedürfnis ein allgemeines ist, als Vormundschaften, alle übrigen Fälle aber, in denen es sich nur um die Fürsorge in einzelnen Angelegenheiten handelt, als Pflegschaften behandelt.

Abweichend von der Pr. Vorm. Ordn. hat das B. G. B. die Fürsorge für abwesende Großjährige als Pflegschaft in sein Recht aufgenommen und die Vormundschaften über eheliche Minderjährige, deren Mutter noch lebt und die elterliche Gewalt hat, beseitigt. Was an die Stelle dieser bisher geltenden Vormundschaft nach dem B. G. B. getreten ist, soll weiter unten erörtert werden. Die bisher nach § 12 der Pr. Vorm. Ordn. bestehende gesetzliche Vormundschaft des Vaters einer unehelichen Mutter über ihr Kind hat das B. G. B. nicht übernommen.

B. Die Vormundschaft über Minderjährige.

Vormund ist diejenige Person, welche der Vormundschaftsrichter einem Minderjährigen bestellt, der nicht unter elterlicher Gewalt steht, oder dessen Eltern weder in den der Person noch in den das Vermögen betreffenden Angelegenheiten zur Vertretung berechtigt sind, oder dessen Familienstand nicht zu ermitteln ist. (§ 1773 des B. G. B.)

Nach Art. 210 des E. G. zum B. G. B. bleiben zwar alle bisherigen Vormünder im Amte, mithin auch der Vater einer unehelichen Mutter über deren Kind. Allg. Verf. des Justizministers vom 24. Novbr. 1898. Zu entlassen sind aber die Vormünder derjenigen Minderjährigen, deren Mutter die elterliche Gewalt hat.

Das Amt eines Vormundes kann nach § 1780 einem Geschäftsunfähigen oder einem wegen Geistesschwäche, Verschwendung oder Trunksucht Entmündigten nicht übetragen werden, da diese Personen vom Gesetz für unfähig zur Uebernahme des Amtes erklärt werden.

Der Vormundschaftsrichter darf nach § 1781 B. G. B. zum Vormund nicht bestellen:

1. einen Minderjährigen,
2. eine nach § 1906 unter vorläufige Vormundschaft gestellte Person,
3. denjenigen, welcher nach § 1910 zur Besorgung seiner Vermögensangelegenheiten einen Pfleger erhalten,
4. den Gemeinschuldner während der Dauer des Konkurses,
5. den durch Urteil der bürgerlichen Ehrenrechte für verlustig Erklärten,

da diese Personen zur Uebernahme der Vormundschaft untauglich sind.

Zum Vormund soll nach § 1782 des B. G. B. nicht derjenige bestellt werden, der vom Vater oder der ehelichen Mutter des Mündels von der Vormundschaft ausgeschlossen ist. Die Mutter kann jedoch den vom Vater als Vormund Benannten nicht ausschließen. Eine Frau, die mit einem Anderen als dem Vater des Mündels verheirathet ist, soll nach § 1783 nur mit Zustimmung ihres Mannes zum Vormund bestellt werden. Ein Beamter oder Religionsdiener endlich, der nach den Landesgesetzen einer besonderen Erlaubnis zur Uebernahme der Vormundschaft bedarf, soll nach § 1784 ohne die vorgeschriebene Erlaubnis als Vormund nicht verpflichtet werden. Für Preußen ist im A. G. zum B. G. B. dementsprechend im Art. 72 angeordnet: Wer ein Staatsamt oder ein besoldetes Amt in der Kommunal- oder Kirchenverwaltung bekleidet, bedarf zur Uebernahme einer Vormundschaft oder zur Fortführung einer vor dem Eintritt in das Amt übernommenen Vormundschaft der Erlaubnis der zunächst vorgesetzten Behörde. Das Gleiche gilt für die Uebernahme des Amtes eines Gegenvormundes, Pflegers oder Beistandes. Die Erlaubnis kann zurückgenommen werden.

Notare bedürfen der Erlaubnis nicht.

Als Vormund eines Minderjährigen soll eine Person ausgewählt werden, die nach ihren persönlichen Verhältnissen und ihrer Vermögenslage, sowie nach den sonstigen Umständen zur Uebernahme einer Vormundschaft geeignet ist. Verwandte und Verschwägerte sind in erster Linie zu berücksichtigen; auch ist auf das religiöse Bekenntnis des Mündels Rücksicht zu nehmen. (§ 1779 B. G. B.)

Das B. G. B. kennt 3 Berufungsgründe:

1. letztwillige Verfügung,
2. Gesetz,
3. richterliche Ernennung.

Durch letztwillige Verfügung kann nach § 1776 Nr. 1, der Vater einen Vormund benennen, wenn ihm zur Zeit des Todes die elterliche Gewalt über das Kind zustand und nach Nr. 2 die eheliche Mutter des Kindes in gleicher Weise.

Nach dem Gesetz sind berufen zu Vormündern in erster Linie der Großvater des Mündels von väterlicher Seite und in zweiter Linie der Großvater des Mündels von mütterlicher Seite. Die durch letztwillige Verfügung Berufenen gehen den durch Gesetz Berufenen und den vom Vormundschaftsrichter Ernannten vor. Der Vormundschaftsrichter darf jedoch den nach § 1776 Berufenen ohne seine Zustimmung nur dann übergehen, wenn dieser nach § 1780 bis 1784 nicht zum Vormund bestellt werden kann oder soll, oder wenn derselbe an der Uebernahme der Vormundschaft verhindert ist, oder die Uebernahme verzögert oder wenn seine Bestellung das Interesse des Mündels gefährden würde. § 1778.

Jeder Deutsche hat die Vormundschaft, für die er von dem Vormundschaftsgericht ausgewählt ist, zu übernehmen, sofern nicht seiner Bestellung zum Vormunde einer der in den §§ 1780—1784 bestimmten Ausschließungsgründe entgegen oder ihm einer der in dem § 1786 B. G. B. aufgeführten Ablehnungsgründe zur Seite steht.

Die Uebernahme der Vormundschaft können nach § 1786 ablehnen:

1. eine Frau,
2. wer das 60. Lebensjahr vollendet hat,
3. wer mehr als vier minderjährige eheliche Kinder hat; ein von einem Andern an Kindesstatt angenommenes Kind wird nicht gerechnet,
4. wer durch Krankheit oder durch Gebrechen verhindert ist, die Vormundschaft ordnungsmäßig zu führen,
5. wer wegen Entfernung seines Wohnsitzes von dem Sitze des Vormundschaftsgerichts die Vormundschaft nicht ohne besondere Belästigung führen kann,
6. wer nach § 1844 zur Sicherheitsleistung angehalten wird,
7. wer mit einem Anderen zur gemeinschaftlichen Führung der Vormundschaft bestellt werden soll,
8. wer mehr als eine Vormundschaft oder Pflegschaft führt.

Die Vormundschaft oder Pflegschaft über mehrere Geschwister gilt nur als eine; die Führung von zwei Gegenvormundschaften steht der Führung einer Vormundschaft gleich.

Dieses Ablehnungsrecht muß vor der Bestellung bei dem Vormundschaftsgericht geltend gemacht werden, widrigenfalls es als erloschen zu erachten ist.

Wer die Uebernahme einer Vormundschaft ohne Grund ablehnt, ist nach § 1787 für den Schaden, der dem Mündel dadurch entsteht, daß sich die Bestellung des Vormundes verzögert, verantwortlich, wenn ihm ein Verschulden zur Last fällt. Der zum Vormund Ausgewählte kann von dem

Vormundschaftsrichter durch Ordnungsstrafen bis zu 300 M. zur Uebernahme der Vormundschaft angehalten werden. (§ 1788.)

Die Bestellung des vom Vormundschaftsgericht ausgewählten Vormundes erfolgt mittels Handschlages an Eidesstatt.

Der Bestellte erhält zum Zeugnis für die Uebertragung der Vormundschaft auf ihn eine Bestallung.

Er hat nunmehr das Recht und die Pflicht, für die Person und das Vermögen des Mündels zu sorgen, insbesondere den Mündel zu vertreten. (§ 1793.)

Der Umfang des Rechts und der Pflicht zur Sorge für die Person des Mündels bestimmt sich nach den für die elterliche Gewalt geltenden Vorschriften des B. G. B. Dieselben sind:

§ 1631. Die Sorge für die Person des Kindes umfaßt das Recht und die Pflicht, das Kind zu erziehen, zu beaufsichtigen und seinen Aufenthalt zu bestimmen.

Der Vater kann kraft des Erziehungsrechts angemessene Zuchtmittel gegen das Kind anwenden. Auf seinen Antrag hat das Vormundschaftsgericht ihn durch Anwendung geeigneter Zuchtmittel zu unterstützen.

§ 1632. Die Sorge für die Person des Kindes umfaßt das Recht, die Herausgabe des Kindes von jedem zu verlangen, der es dem Vater widerrechtlich vorenthält.

§ 1633. Ist eine Tochter verheiratet, so beschränkt sich die Sorge für ihre Person auf die Vertretung in den die Person betreffenden Angelegenheiten.

1. Der Vormund hat somit in erster Linie das Recht und die Pflicht, den Mündel zu erziehen. Er hat für das leibliche und geistige Wohl des Mündels, für seine Verpflegung und Ausbildung zu sorgen. Er hat den aus der Schule entlassenen Mündel mit derselben Sorgfalt zu erziehen, wie dies bisher geschehen ist. Er hat dafür zu sorgen, daß der Mündel einen seiner Vermögenslage, seinen Anlagen und Neigungen, sowie seinem sittlichen, geistigen wie

körperlichen Zustande entsprechenden Beruf ergreift; der Vormund hat bei dem Abschlusse des Lehr- und Arbeitsvertrages nur das Interesse des Mündels zu beachten und dem Mündel mit Rat und That zur Seite zu stehen.

Kraft seines Erziehungsrechts kann der Vormund auch angemessene Zuchtmittel gegen den Mündel anwenden und wird stets von dem Vormundschaftsgericht darin unterstützt werden, wenn dasselbe sich davon überzeugt, daß der Mündel nur durch Anwendung von Zuchtmitteln zum Gehorsam gebracht werden kann.

Gegen den Willen des Vormundes kann jedoch das Vormundschaftsgericht in die Sorge für die Erziehung des Mündels eingreifen, indem es nach § 1838 anordnen kann, daß der Mündel zum Zwecke der Erziehung in eine geeignete Familie oder in eine Erziehungsanstalt oder eine Besserungsanstalt untergebracht wird. Ja, das Vormundschaftsgericht hat nach § 1801 sogar das Recht, dem Vormunde die religiöse Erziehung des Mündels dann zu entziehen, wenn der Vormund nicht dem Bekenntnis angehört, in welchem der Mündel zu erziehen ist.

2. Der Vormund hat ferner das Recht und die Pflicht, den Mündel zu beaufsichtigen. Er muß stets ein wachsames Auge über seinen Mündel haben und darauf achten, daß der Mündel einen ordentlichen, sittsamen Lebenswandel führt und sich bemüht, ein brauchbares Mitglied der menschlichen Gesellschaft zu werden. In Sonderheit muß er dies bei unehelichen und bei solchen Kindern, deren Mutter sich wieder verheiratet hat, thun. Erstere sind besonders der Aufsicht des Vormundes zu empfehlen, da, wie die Erfahrung gelehrt hat, solche Kinder ihren Müttern sehr oft unbequem und vollkommen gleichgültig sind und fremden Händen zur Pflege und in der Absicht anvertraut werden, diese auf möglichst leichte Weise durch Vernachlässigung in der Ernährung dem Untergange zu weihen, um so in ihren Bewegungen ungehindert dem lasterhaften Leben sich weiter hingeben zu können.

Ein Gleiches liegt dem Vormunde hinsichtlich derjenigen Kinder, deren Mutter sich wieder verheiratet hat, ob, da diese mitunter von dem Stiefvater, ja sogar von der eignen Mutter gegen die in der neuen Ehe gezeugten Kinder zurückgesetzt und schlecht behandelt werden. Ein gewissenhafter, thatkräftiger Vormund kann in solchen Fällen viel ausrichten und dafür sorgen, daß solchen unnatürlichen Müttern die Sorge für die Person, insbesondere das Erziehungsrecht genommen und das betreffende Kind in eine geeignete Familie zur besseren Erziehung untergebracht wird.

Der Vormund hat drittens das Recht und die Pflicht, den Aufenthalt des Mündels zu bestimmen. Der Mündel kann daher ohne Genehmigung des Vormundes den Aufenthalt nicht wechseln, thut er es dennoch, so hat der Vormund jederzeit die Befugnis, den Mündel zur Rückkehr zu zwingen, und wenn der Mündel seinen Anordnungen sich nicht fügen will, bei dem Vormundschaftsrichter vorstellig zu werden und den Antrag zu stellen, daß der Mündel unter Anwendung von Gewaltmaßregeln an seinen bisherigen Aufenthaltsort zurückgebracht wird. Fraglich könnte es sein, ob ein Mündel, welcher sich an einen Ort mit Genehmigung des Vormundes vermietet hat, bei Aufgabe des Dienstes und dem Weitervermieten an einen andern Ort die Genehmigung des Vormundes einholen muß. Verfasser ist der Ansicht, daß, wenn mit dem Eingehen eines neuen Dienstverhältnisses der Wechsel des Aufenthaltsortes verbunden ist, der Mündel die Genehmigung einholen muß, da das B. G. B. dem Vormunde ausdrücklich das Recht und die Pflicht, den Aufenthalt des Mündels zu bestimmen, übertragen hat.

Das vom Gesetz dem Vormund gegebene Recht, den Aufenthalt zu bestimmen, legt ihm gleichzeitig die Pflicht auf, den Gemeinde-Waisenrat, in dessen Bezirk der Mündel bisher gewohnt hat, sofort davon in Kenntnis zu setzen, wenn der Mündel seinen Aufenthalt in den Bezirk eines andern Gemeinde-Waisenrats verlegt. (§ 1851, Abs. 2, B. G. B.)

Der Zweck dieser Mitteilung ist lediglich der, daß der Gemeinde-Waisenrat des neuen Aufenthaltsorts des Mündels in den Stand gesetzt wird, über den Mündel zu wachen. Der Gemeinde-Waisenrat des neuen Aufenthaltsorts soll den Mündel aufsuchen und sich davon überzeugen, wie und wo der Mündel wohnt und ob in der körperlichen Pflege und in der Erziehung des Mündels Aenderungen eintreten müssen, und er hat, wenn er derartiges bemerkt, den Vormund sofort davon in Kenntnis zu setzen. Dem Vormunde liegt dann die Pflicht ob, so schnell wie möglich einzuschreiten und den Mündel ev. mit Hülfe des Vormundschaftsrichters auf andere Bahnen zu lenken. Leider hat die Praxis in Preußen gezeigt, daß die Vormünder in der Ausübung dieser Pflicht ganz besonders lässig sind und sich nicht darum kümmern, ob der Mündel noch in seinem Bezirk wohnt. Es muß aber den Vormündern gerade diese Pflicht besonders ans Herz gelegt werden, da sie, wenn sie dieselbe vernachlässigen sollten, den Mündel aufs Schwerste schädigen können. Auch droht ihnen wegen dieser Pflichtverletzung die Verhängung von Ordnungsstrafen bis zum Höchstbetrage von 300 M. durch das Vormundschaftsgericht. (§ 1837, Abs. 2.)

Will also der Vormund sich der Verhängung von Ordnungsstrafen nicht aussetzen, so möge er den Aufenthalt des Mündels nie aus dem Auge verlieren und rechtzeitig von einem derartigen Wechsel dem Gemeinde-Waisenrat Anzeige erstatten.

Der Vormund hat ferner nach § 1831 des B. G. B. das Recht, die Herausgabe des Mündels von jedem, der es ihm oder einem weiteren Erziehungsberechtigten widerrechtlich vorenthält, zu verlangen.

Nach § 1832 des B. G. B. hat auch der Vormund einen verheirateten Mündel und zwar eine Person weiblichen Geschlechts in den die Person betreffenden Angelegenheiten zu vertreten. Hatte sich zum Beispiel eine minderjährige Frau einem Dritten gegenüber zu einer von ihr in Person zu bewirkenden Leistung verpflichtet, so kann der Vormund nach § 1358 des B. G. B. das Rechtsverhältnis ohne Einhaltung einer Kündigungsfrist kündigen, wenn er auf seinen Antrag vom Vormundschaftsgericht dazu ermächtigt worden ist.

Nach § 1793 des B. G. B. hat der Vormund auch das Recht und die Pflicht, für das Vermögen des Mündels zu sorgen. Diese Sorge erstreckt sich jedoch nicht auf die Angelegenheiten, für die ein Pfleger bestellt ist. Als Ausfluß dieses Rechts hat der Vormund die Pflicht, das bei der Anordnung der Vormundschaft vorhandene oder später dem Mündel zufallende Vermögen zu verzeichnen und das Verzeichnis, nachdem er es mit der Versicherung der Richtigkeit und Vollständigkeit versehen hat, nach § 1802 dem Vormundschaftsgericht einzureichen, vorher aber, falls ein Gegenvormund bereits bestellt sein sollte, diesen bei der Aufnahme des Verzeichnisses zuzuziehen und ihn das Verzeichnis mit der Versicherung der Richtigkeit und Vollständigkeit vollziehen zu lassen. (Anlage A.)

Sollte der Mündel von Todeswegen oder von einem Dritten bei dessen Lebzeiten etwas unentgeltlich erwerben, so hat der Vormund gemäß § 1803 nach den Anordnungen des Erblassers oder des Dritten, wenn solche bei der Zuwendung getroffen sind, dies zu verwalten. Von diesen Anordnungen kann er nur mit Genehmigung des Vormundschaftsgerichts abgehen.

Der Vormund kann aus dem Vermögen des Mündels nur dann Schenkungen machen, durch welche einer sittlichen Pflicht oder einer auf den Anstand zu nehmenden Rücksicht entsprochen wird. (§ 1804.) Vermögen des Mündels darf er nach § 1805 des B. G. B. nicht für sich verwenden, thut er dies dennoch, so hat er dasselbe mit 4 Prozent von der Zeit der Verwendung an nach §§ 1834 und 246 des B. G. B. zu verzinsen, abgesehen davon, daß er unter Umständen, je nach Lage des Falles, nach den Bestimmungen des Strafgesetzbuches wegen Untreue bezw. Unterschlagung der Bestrafung sich aussetzen kann.

Das zum Mündelvermögen gehörige Geld hat er, soweit es nicht zur Bestreitung von Ausgaben bereit zu halten ist, verzinslich anzulegen. (§ 1806.)

Die Anlegung des Mündelvermögens soll nach § 1807 nur erfolgen:

1. in Forderungen, für die eine sichere Hypothek an einem inländischen Grundstücke besteht, oder in sicheren Grundschulden oder Rentenschulden an inländischen Grundstücken;
2. in verbrieften Forderungen gegen das Reich oder einen Bundesstaat, sowie in Forderungen, die in das Reichsschuldbuch oder in das Staatsschuldbuch eines Bundesstaats eingetragen sind;
3. in verbrieften Forderungen, deren Verzinsung von dem Reiche oder einem Bundesstaat gewährleistet ist;
4. in Wertpapieren, insbesondere Pfandbriefen, sowie in verbrieften Forderungen jeder Art gegen eine inländische kommunale Körperschaft, oder die Kreditanstalt einer solchen Körperschaft, sofern die Wertpapiere oder die Forderungen von dem Bundesstaate zur Anlegung von Mündelgeldern für geeignet erklärt sind;
5. bei einer inländischen öffentlichen Sparkasse, wenn sie von der zuständigen Behörde des Bundesstaats, in welchem sie ihren Sitz hat, zur Anlegung von Mündelgeldern für geeignet erklärt ist.

Auf Grund des zweiten Absatzes des § 1807, welcher wörtlich lautet:

> Die Landesgesetze können für die innerhalb ihres Geltungsbereichs belegenen Grundstücke die Grundsätze bestimmen, nach denen die Sicherheit einer Hypothek, einer Grundschuld oder einer Rentenschuld festzustellen ist,

hat das Pr. A. G. z. B. G. B. zu Nr. 1 des § 1807 im Art. 73 wörtlich bestimmt:

> § 1. Eine Hypothek, eine Grundschuld oder eine Rentenschuld an einem in Preußen belegenen Grundstücke ist für die Anlegung von Mündelgeld als sicher anzusehen, wenn sie innerhalb des Fünfzehnfachen, oder sofern ihr kein anderes der Ein-

tragung bedürfendes Recht im Range vorgeht oder gleichsteht, innerhalb des Zwanzigfachen des staatlich ermittelten Grundsteuerreinertrages, oder bei einem ländlichen Grundstück innerhalb der ersten zwei Drittel, bei einem städtischen Grundstück innerhalb der ersten Hälfte des Wertes zu stehen kommt.

Der Wert ist bei ländlichen Grundstücken durch Taxe einer preußischen öffentlichen Kreditanstalt, die durch Vereinigung von Grundbesitzern gebildet ist und durch staatliche Verleihung Rechtsfähigkeit erlangt hat, oder durch Taxe einer preußischen provinzial- (kommunal-) ständischen öffentlichen Grundkreditanstalt oder durch gerichtliche Taxe, bei städtischen Grundstücken in gleicher Weise oder durch Taxe einer öffentlichen Feuerversicherungsanstalt festzustellen.

§ 2. Statt des Zwanzigfachen des Grundsteuerreinertrages ist bei Grundstücken, die von einer Kreditanstalt der im § 1 Abs. 2 bezeichneten Art satzungsgemäß ohne besondere Ermittelungen bis zu einem größeren Vielfachen beliehen werden können, das größere Vielfache, sofern es jedoch den dreißigfachen Betrag übersteigt, dieser Betrag maßgebend.

Für einzelne Bezirke kann durch Königliche Verordnung statt des Zwanzigfachen des Grundsteuerreinertrages ein das Vierzigfache nicht übersteigendes größeres Vielfaches bestimmt werden.

Damit die Vormünder in die Lage gesetzt werden, sich selbst davon zu überzeugen, ob die ihnen vorgelegte Taxe den für Abschätzung von Grundstücken gegebenen Vorschriften entspricht, so sei Folgendes bemerkt:

Die Taxe von ländlichen Grundstücken im Werte unter 15000 Mk. können von den Gemeindevorständen — Gemeindevorsteher und zwei Schöffen —, bei städtischen Grundstücken im Werte unter 15000 Mk. von einem Sachverständigen aufgenommen werden. Die Taxe muß die eidesstattliche Versicherung der Richtigkeit enthalten. Ges. vom 4. Mai 1845 und Allg. Verf. vom 29. Juni 1857, J. M. Bl. S. 246. Der Wert städtischer Grundstücke wird in der Art ermittelt, daß der Boden-, Materialien- und

Ertragswert nach Kapitalisierung des letzteren mit fünf Prozent zusammengerechnet, die Summe halbiert und davon die mit fünf Prozent kapitalisierten Abgaben und Unterhaltungskosten abgerechnet werden. Der Rest giebt den Wert des Grundstücks. Rescr. vom 17. August 1841, J. M. Bl. 1841, S. 257. Rescr. vom 19. Januar 1842, J. M. Bl. 1842, S. 42.

Bei Grundstücken im Werte über 15 000 Mk. soll eine gerichtliche Taxe den Maßstab bilden. Die Grundsätze, welche hierbei zu beachten sind, sind in der Allg. Verf. vom 19. Dezember 1889 enthalten.

Uebrigens ist die Umgestaltung des Taxwesens in Aussicht genommen und wird dieselbe in einer späteren Auflage Erwähnung finden.

Die Taxe der Rittergüter kann durch landschaftliche Kollegien, in deren Departements sie liegen, erfolgen. Erwähnt sei noch, daß bei den Taxen ländlicher Grundstücke Wohn- und andere Gebäude nur dann mit ihrem Werte in Ansatz zu bringen sind, wenn sie vermietet, d. i. einen von dem Betriebe der Landwirtschaft unabhängigen Nutzen gewähren; die der Landwirtschaft dienenden Gebäude, wie z. B. Wohnhaus, Gesindehaus, Ställe und Scheunen, sind mit ihrem Werte nicht in Ansatz zu bringen, da sie zum Betriebe der Landwirtschaft erforderlich sind.

Auch durch die Taxen öffentlicher Feuerversicherungsanstalten kann der Wert eines Grundstücks festgestellt werden. Unter einer öffentlichen Feuerversicherungsanstalt ist nicht etwa eine solche zu verstehen, welcher vom Staate die Konzession ertheilt ist, sondern nur diejenigen, welche Provinzialverbände oder Städte gegründet haben, wie z. B. die ländlichen und städtischen Provinzialfeuersozietäten.

Endlich sei noch bemerkt, daß sich der Vormund davor hüten möge, veraltete Taxen einer Wertsermittelung zu Grunde zu legen.

Außer diesen im § 1807 unter Nr. 2, 3 und 4 angegebenen Forderungen hat das A. G. z. B. G. B. für Preußen im Art. 74 noch folgende Wertpapiere zur Anlegung von Mündelgeld für geeignet erklärt:

1. die Rentenbriefe der zur Vermittelung der Ablösung von Renten in Preußen bestehenden Rentenbanken;
2. die Schuldverschreibungen, welche von einer deutschen kommunalen Körperschaft, oder von der Kreditanstalt einer solchen Körperschaft, oder mit Genehmigung der staatlichen Aufsichtsbehörde von einer Kirchengemeinde, oder von einem kirchlichen Verbande ausgestellt und entweder von seiten des Inhabers kündbar sind oder einer regelmäßigen Tilgung unterliegen;
3. die mit staatlicher Genehmigung ausgegebenen Pfandbriefe und gleichartigen Schuldverschreibungen einer Kreditanstalt der im Art. 73, § 1 Abs. 2 bezeichneten Art;
4. die auf den Inhaber lautenden Schuldverschreibungen, welche von einer preußischen Hypotheken-Aktien-Bank auf Grund von Darlehen an inländische Körperschaften des öffentlichen Rechts oder von Darlehen, für welche eine solche Körperschaft die Gewährleistung übernommen hat, ausgegeben sind.

Um dem Vormunde die Möglichkeit zu geben, ein für den Mündel vorteilhaftes Wertpapier selbst auszuwählen, möge die Anlage B. dienen.

Während in Preußen nach der Vormundschaftsordnung vom 5. Juli 1875 die Anlegung bei Sparkassen nur als vorübergehende Nutzbarmachung zugelassen ist, kennt das B. G. B. nach § 1807 Nr. 5 auch eine dauernde Anlegung der Mündelgelder bei Sparkassen.

Die Anlegung der Mündelgelder bei einer inländischen öffentlichen Sparkasse ist, in vielen Fällen, namentlich, wenn das Mündelvermögen nicht erheblich ist, und voraussichtlich im Laufe der Vormundschaft nach und nach aufgebraucht werden muß, die einfachste und bequemste Art der Anlegung, welche erhebliche Vorteile bietet, ohne andererseits die Sicherheit der Mündelgelder zu gefährden. Sie überhebt den Vormund, namentlich auf dem Lande und in den kleinen Städten, der mit dem Ankaufe und dem nicht selten notwendig werdenden Umsatze der Wertpapiere verbundenen Weiterungen und der Notwendigkeit, die Auslosung der Wertpapiere fortlaufend zu kontrolieren, wozu der Vormund häufig gar nicht im Stande und nicht in der Lage ist. Sie vermeidet ferner die mit dem Besitze von Wertpapieren verbundenen Gefahren des Verlustes und gewährt dem Vormunde die Möglichkeit, die Gelder zu jeder Zeit in beliebigen Raten zu erheben. Diesen Vorteilen gegenüber kann darauf, daß die Anlegung bei einer Sparkasse in der Regel etwas geringere Zinsen gewährt, als die Anlegung von Wertpapieren, entscheidendes Gewicht nicht gelegt werden. (cfr. Motive zu dem B. G. B., Bd. 4, Seite 1113, 1114.)

Der Vormund muß jedoch darauf achten, daß die Anlegung nur bei einer solchen Sparkasse erfolgt, welche zur Anlegung von Mündelgeld für geeignet erklärt ist, denn es bestimmt Art. 75 des A. G. z. B. G. B.:

§ 1. Eine in Preußen bestehende öffentliche Sparkasse kann durch den Regierungspräsidenten im Einvernehmen mit dem Landgerichtspräsidenten zur Anlegung von Mündelgeld für geeignet erklärt werden. Die Erklärung kann zurückgenommen werden.

Die Erklärung und die Rücknahme sind durch das Amtsblatt bekannt zu machen.

Die oben unter Nr. 1—5 und im A. G. z. B. G. B., Art. 73—76 bezeichneten Anlegungsarten sind dem Vormunde zur Wahl gestellt, an eine bestimmte Reihenfolge ist er nicht gebunden, auch ist es dem Vormunde nicht verwehrt, Mündelvermögen, soweit es für den Mündel vorteilhaft ist, auch in anderer Art nutzbar zu machen, und zwar durch Ankauf von Grundstücken (§ 1821 Nr. 4) oder durch Anlegung in einem Handelsgewerbe (§ 1822 Nr. 1, 3, 4) oder durch Errichtung eines neuen Erwerbsgeschäftes. (§ 1823 und Motive Bd. 4, S. 1110.) In diesen Fällen bedarf es jedoch der vorherigen Genehmigung des Vormundschaftsgerichts. (Siehe weiter unten unter §§ 1821, 1822, 1823.)

Kann die Anlegung der Mündelgelder den Umständen nach, d. h. z. B. wegen des Widerspruchs des Gegenvormundes, wegen Geringfügigkeit der Gelder, wegen Mangels einer Gelegenheit für möglichst günstige Anlegung, wegen der Unentbehrlichkeit der Gelder auf längere Dauer, nicht in der im § 1807 und Art. 73—75 d. A. G. z. B. G. B. bezeichneten Weise erfolgen, so ist das Geld nach § 1808 bei der Reichsbank, bei einer Staatsbank, oder bei einer andern durch Landesgesetze dazu für geeignet erklärten inländischen Bank, oder bei einer Hinterlegungsstelle anzulegen. Das Pr. A. G. z. B. G. B. hat hierzu im Art. 76 wörtlich bestimmt:

Im Falle des § 1808 d. B. G. B. kann die Anlegung von Mündelgeld bei der Preußischen Zentral-Genossenschaftskasse oder einer sonstigen preußischen öffentlichen Bankanstalt (Landesbank, landschaftlichen, ritterschaftlichen Darlehnskasse u. s. w.) und wenn die von einer Preußischen Privatbank ausgestellten Wertpapiere durch den Bundesrat zur Anlegung von Mündelgeld für geeignet erklärt sind oder eine Preußische Privatbank nach Maßgabe des Art. 85 für die Hinterlegung von Wertpapieren als Hinterlegungsstelle bestimmt ist, bei einer solchen Privatbank erfolgen.

Die Anlegung bei den ordentlichen Hinterlegungsstellen findet nicht statt.

Pflicht des Vormundes ist es aber, sobald die Umstände sich derartig geändert haben, daß die Anlegung wieder nach § 1807 und Art. 73—75 d. A. G. z. B. G. B. erfolgen kann, an Stelle der gemäß § 1808 vorgenommenen Anlegung eine der im § 1807 und Art. 73 und 74 d. A. G. z. B. G. B. angeordneten Anlegungen zu bewirken. (Motive Bd. 4, S. 1116, 1117.)

Zur größeren Sicherheit des Mündels bestimmt § 1809, daß der Vormund Mündelgeld nach § 1807, Abs. 1, Nr. 5, oder nach § 1808 nur mit der Bestimmung anlegen soll, daß zur Erhebung des Geldes die Genehmigung des Gegenvormundes oder des Vormundschaftsgerichts erforderlich ist. Dem Vormunde ist also nicht gestattet, die Gelder bei Sparkassen oder den im § 1808 bezeichneten Instituten gegen Verabfolgung von Inhaber- oder Legitimationspapieren der im § 808 bezeichneten Art anzulegen.

Eine weitere Sicherheit des Mündels wird durch die Vorschrift des § 1810 herbeigeführt. Nach dieser Bestimmung soll der Vormund jede der in den §§ 1806—1808 vorgeschriebenen Anlegungen nur mit Genehmigung des Gegenvormundes vornehmen. Bei der Art der Anlegung also hat der Gegenvormund mitzuwirken. Bei einer Differenz zwischen Vormund und Gegenvormund ist die Entscheidung des Vormundschaftsgerichts einzuholen. Diese ersetzt auch die Genehmigung des Gegenvormundes, wenn ein Gegenvormund nicht vorhanden ist, oder wenn der Gegenvormund die ihm vom Vormund vorgeschlagene Art der Anlegung nicht annehmen will, also seine Genehmigung verweigert, oder wenn er abwesend oder unfähig zur Abgabe einer Erklärung ist. Der § 1810 lautet wörtlich:

> Der Vormund soll die in den §§ 1806—1808 vorgeschriebene Anlegung nur mit Genehmigung des Gegenvormundes bewirken; die Genehmigung des Gegenvormundes wird durch die Genehmigung des Vormundschaftsgerichts ersetzt. Ist ein Gegenvormund nicht vorhanden, so soll die Anlegung nur mit Genehmigung des Vormundschaftsgerichts erfolgen, sofern nicht die Vormundschaft von mehreren Vormündern gemeinschaftlich geführt wird.

Nicht ausgeschlossen ist, daß der Vormund mit Genehmigung des Vormundschaftsgerichts eine andere, als die in den §§ 1807—1808 vorgeschriebene Anlegung des Mündelgeldes bewirken kann (§ 1811). Es ist dies von ganz besonderem Wert in den Fällen, in denen der Mündel z. B. infolge von Erbschaft Kapitalvermögen in ausländischen Wertpapieren erwirbt und im Zusammenhange mit diesem Besitze zum Zwecke der Vermeidung sonst drohender Verluste die weitere Anlegung in solchen Papieren, sei es durch Ausübung des Bezugsrechtes von neuen Emissionen, sei es durch Nachzahlungen, erforderlich wird oder in welchen es sich darum handelt, dem Vater oder der Mutter des Mündels durch die Hingabe eines Darlehns gegen Hypothek den Besitz eines im Auslande gelegenen Grundstückes zu erhalten, wenn durch die Erhaltung dieses Besitzes die Subsistenz der Familie und des Mündels selbst bedingt ist (Motive, Bd. 4, S. 1120).

Dem freien Ermessen des Vormundes ist es überlassen, unsichere Wertpapiere, welche dem Mündel durch Erbschaft oder durch Schenkung zufallen, oder bei der Einleitung der Vormundschaft bereits vorhanden sind, in mündelsichere Papiere erst dann umzusetzen, wenn es ohne große Verluste geschehen kann. Eine Bestimmung darüber, wie die Vormünder in einem solchen Falle zu verfahren haben, enthält das B. G. B. nicht; es überläßt dem Vormund, wie er nach den Umständen des einzelnen Falles und seinem pflichtmäßigen Ermessen im Interesse des Mündels glaubt, handeln zu müssen.

Zur weiteren Sicherheit und mit Rücksicht darauf, daß vom 1. Januar 1900 die sämtlichen bisher gebräuchlichen Außerkurssetzungsvermerke außer Kraft treten und damit die Sicherheitsmaßregeln gegen Unterschlagung, Entwendung und Mißbrauch von Wertpapieren des Mündels fortfällt, hat das A. G. zum B. G. B. im § 2 des Art. 75 wörtlich bestimmt:

> Ist vor dem Inkrafttreten des B. G. B. ein Sparkassenbuch außer Kurs gesetzt, so ist zur Erhebung des Geldes die Genehmigung des Gegenvormundes oder des Vormundschaftsgerichts erforderlich.

Außerdem ordnet § 1814 an, daß der Vormund Inhaberpapiere des Mündels oder Ordrepapiere mit Blankoindossement nebst den Erneuerungsscheinen bei einer Hinterlegungsstelle oder bei der Reichsbank hinterlegen oder sie auf den Namen des Mündels umschreiben lassen kann. Die Hinterlegung und die Umschreibung hat unter der Bestimmung zu erfolgen, daß die Herausgabe und die Verfügung nur mit Genehmigung des Vormundschaftsgerichts verlangt werden kann.

Außerdem hat § 1818 bestimmt, daß, wenn Buchforderungen gegen das Reich oder einen Bundesstaat bei der Anordnung der Vormundschaft zu dem Vermögen des Mündels gehören oder von dem Mündel später erworben werden, der Vormund in das Schuldbuch den Vermerk eintragen zu lassen hat, daß er über die Forderung nur mit Genehmigung des Vormundschaftsgerichts verfügen kann. Nur in den Fällen, in welchen der Vormund aus freien Stücken jene Maßregel ergriffen hat, nicht also in den Fällen, in welchen das Vormundschaftsgericht ihn gemäß § 1817 von den ihm nach den §§ 1814, 1816 obliegenden Verpflichtungen entbunden hatte und in den Fällen der befreiten Vormundschaft §§ 1853, 1855 bedarf der Vormund zur Herausnahme aus der Hinterlegung und zur Verfügung über die Buchforderungen nicht der Genehmignng des Vormundschaftsgerichts. Das Gleiche gilt, wenn der Vormund die Umschreibung der Inhaberpapiere auf den Namen des Mündels ohne Nötigung hat bewirken lassen. Ein freies Verfügungsrecht hat der Vormund über andere bewegliche Sachen außer den Wertpapieren. Er kann sie, wenn er es für den Mündel für vorteilhaft oder notwendig erachtet, verkaufen, oder aufbewahren. Kostbarkeiten aber wird er, wenn er keine sicheren Behältnisse und Räume zur Aufbewahrung hat, als vorsichtiger Hausvater bei einer Hinterlegungsstelle oder der Reichsbank hinterlegen, um sich vor Entwendung und Schädigung des Mündels zu schützen. Auch dem Vormundschaftsgericht überläßt es das Gesetz, die Hinterlegung der Kostbarkeiten anzuordnen (§ 1818).

Ist eine unbewegliche Sache Eigentum des Mündels, so bedarf der Vormund zur Verfügung über diese, sei es nun ein Grundstück oder das Recht an einem Grundstücke oder eine Forderung, die auf Begründung oder Uebertragung eines Rechtes an einem Grundstücke oder auf Befreiung eines Grundstücks gerichtet ist, der Genehmigung des Vormundschaftsgerichts. Auch zur Eingehung einer Verpflichtung, zur Vornahme der vorstehend bezeichneten Verfügungen, sowie zu einem Vertrage, der auf den entgeltlichen Erwerb eines Grundstücks oder eines Rechtes an einem Grundstücke gerichtet ist, hat das Vormundschaftsgericht seine Genehmigung zu erteilen (§ 1821).

Das B. G. B. legt im § 1822 dem Vormunde die Verpflichtung auf, die Genehmigung des Vormundschaftsgerichts nachzusuchen:

1. zu einem Rechtsgeschäfte, durch das der Mündel zu einer Verfügung über sein Vermögen im Ganzen, oder über eine ihm angefallene Erbschaft, oder über seinen künftigen gesetzlichen Erbteil, oder seinen künftigen Pflichtteil verpflichtet wird, sowie zu einer Verfügung über den Anteil des Mündels an einer Erbschaft;
2. zur Ausschlagung einer Erbschaft oder eines Vermächtnisses, zum Verzicht auf einen Pflichtteil, sowie zu einem Erbteilungsvertrage;
3. zu einem Vertrage, der auf den entgeltlichen Erwerb oder die Veräußerung eines Erwerbsgeschäfts gerichtet ist, sowie zu einem Gesellschaftsvertrage, der zum Betrieb eines Erwerbsgeschäfts eingegangen wird;
4. zu einem Pachtvertrage über ein Landgut oder einen gewerblichen Betrieb;
5. zu einem Miet- oder Pachtvertrage oder einem andern Vertrage, durch den der Mündel zu wiederkehrenden Leistungen verpflichtet wird, wenn das Vertragsverhältnis länger als ein Jahr nach der Vollendung des 21. Lebensjahres des Mündels fortdauern soll;
6. zu einem Lehrvertrage, der für längere Zeit als ein Jahr geschlossen wird;
7. zu einem auf die Eingehung eines Dienst- oder Arbeitsverhältnisses gerichteten Vertrage, wenn der Mündel zu persönlichen Leistungen für längere Zeit als ein Jahr verpflichtet werden soll;
8. zur Aufnahme von Geld auf den Kredit des Mündels;
9. zur Ausstellung einer Schuldverschreibung auf den Inhaber, oder zur Eingehung einer Verbindlichkeit aus

einem Wechsel oder einem andern Papiere, das durch Indossament übertragen werden kann;
10. zur Uebernahme einer fremden Verbindlichkeit, insbesondere zur Eingehung einer Bürgschaft;
11. zur Erteilung einer Prokura;
12. zu einem Vergleich oder Schiedsvertrag, es sei denn, daß der Gegenstand des Streites oder der Ungewißheit in Geld schätzbar ist und den Wert von dreihundert Mark nicht übersteigt;
13. zu einem Rechtsgeschäft, durch das die für eine Forderung des Mündels bestehende Sicherheit aufgehoben oder gemindert, oder die Verpflichtung dazu begründet wird.

Der Vormund soll auch nach § 1823 nicht ohne Genehmigung des Vormundschaftsgerichts ein neues Erwerbsgeschäft im Namen des Mündels beginnen oder ein bestehendes Erwerbsgeschäft des Mündels auflösen.

Für den aus einer Pflichtverletzung dem Mündel entstehenden Schaden ist der Vormund verantwortlich, wenn ihm ein Verschulden zur Last fällt (§ 1833). Er haftet für Vorsatz, aber auch für Fahrlässigkeit, wenn er die im Verkehr erforderliche Sorgfalt außer Acht läßt (§ 276).

Der Vormund hat die Vormundschaft unentgeltlich zu führen, es kann ihm das Vormundschaftsgericht eine angemessene Vergütung bewilligen, wenn das Vermögen des Mündels, sowie der Umfang und die Bedeutung des vormundschaftlichen Geschäfts es rechtfertigen. Diese Vergütung kann aber jederzeit für die Zukunft geändert oder entzogen werden.

Der Vormund steht unter der Aufsicht des Vormundschaftsgerichts und hat auf dessen Verlangen jederzeit über die Führung der Vormundschaft und über die persönlichen Verhältnisse des Mündels Auskunft zu erteilen und über seine Vermögensverwaltung Rechnung zu legen (§ 1837, Abs. 2). Das Vormundschaftsgericht bestimmt das Rechnungsjahr und kann anordnen, daß bei Verwaltungen von geringem

Umfange, nachdem die Rechnung für das 1. Jahr gelegt ist, die Rechnung für längere, höchstens dreijährige Zeitabschnitte zu legen ist (§ 1840).

Wie ein Vormund diese Rechnung aufzustellen hat, giebt der § 1841 an. Einnahme und Ausgabe müssen gegenübergestellt und die Beläge, soweit solche über die Ausgaben vorhanden sind, beigefügt werden. Wird ein Erwerbsgeschäft mit kaufmännischer Buchführung betrieben, so genügt als Rechnung eine aus den Büchern gezogene Bilanz (§ 1841, Abs. 2). Die Rechnung muß ein klares Bild über Ab- und Zugang des Vermögens enthalten und wenn ein Gegenvormund vorhanden ist, diesem unter Nachweisung des Vermögensbestandes vorgelegt und von ihm mit seinen Bemerkungen versehen werden (§ 1842). (Anlage C.)

Nach § 1793 des B. G. B. hat der Vormund den Mündel zu vertreten und er ist befugt, im Namen des Mündels Rechtsgeschäfte vorzunehmen und Rechtsstreitigkeiten zu führen. Pflicht des Vormundes ist es, die Ansprüche seines Mündels gegen unterhaltungspflichtige Verwandte bezw. gegen den Vater des außerehelich geborenen Mündels nach den §§ 1607, 1708, 1709, 1710 u. 1716 des B. G. B. geltend zu machen. Sein Vertretungsrecht ist ein an sich unbeschränktes, auch wenn er Rechtsgeschäfte namens des Mündels abschließt, die nicht zur Verwaltung des Mündelvermögens erforderlich waren und sogar zweckwidrig sind, so wird der Mündel dadurch doch verpflichtet, er selbst aber macht sich verantwortlich. Das Recht und die Pflicht des Vormundes, für die Person und das Vermögen des Mündels zu sorgen, erstreckt sich **nicht auf Angelegenheiten, für die ein Pfleger bestellt ist.**

Ausgeschlossen ist die Vertretungsmacht des Mündels:

a) Kraft Gesetzes nach § 1795:

1. bei einem Rechtsgeschäfte zwischen seinem Ehegatten oder einem seiner Verwandten in gerader Linie einersetis und dem Mündel andererseits, es sei denn, daß das Rechtsgeschäft ausschließlich in der Erfüllung einer Verbindlichkeit besteht;

2. bei einem Rechtsgeschäft, das die Uebertragung oder Belastung einer durch Pfandrecht, Hypothek oder Bürgschaft gesicherten Forderung des Mündels gegen den Vormund oder die Aufhebung oder Minderung dieser Sicherheit zum Gegenstande hat oder die Verpflichtung des Mündels zu einer solchen Uebertragung, Belastung, Aufhebung oder Minderung begründet;
3. bei einem Rechtsstreit zwischen den in Nr. 1 bezeichneten Personen, sowie bei einem Rechtsstreite über eine Angelegenheit der in Nr. 2 bezeichneten Art.

b) zufolge Anordnung des Vormundschaftsgerichts in einzelnen Angelegenheiten oder für einen bestimmten Kreis von Angelegenheiten, wenn das Interesse des Mündels zu dem des Vormundes oder eines von diesem vertretenen dritten oder einer der im § 1795 Nr. 1 bezeichneten Personen in erheblichem Gegensatze steht. (§§ 1796), Beendigung der Vormundschaft als solcher:

1. durch den Tod des Mündels;
2. dadurch, daß der Mündel volljährig oder für volljährig erklärt wird;
3. mit dem Wegfall der im § 1773 füe die Anordnung der Vormundschaft bestimmten Voraussetzungen — so z. B. auch durch Annahme an Kindesstatt und in Folge Legitimation durch nachfolgende Ehe und zwar in dem letzteren Falle, wenn entweder die Vaterschaft des Ehemannes durch ein zwischen ihm und dem Mündel ergangenes Urteil rechtskräftig festgestellt ist oder die Aufhebung der Vormundschaft vom Vormundschaftsgericht angeordnet wird;
4. mit der Erlassung des die Todeserklärung des Mündels aussprechenden Urteils;
5. mit der Aufhebung durch das Vormundschaftsgericht im Falle der Verschollenheit des Mündels.

Die Verheiratung des Mündels oder Begründung eines selbständigen Haushalts durch den Mündel beendigt die Vormundschaft nicht.

Das Amt des Vormundes endigt in Folge Entlassung des Vormundes Seitens des Vormundschaftsgerichts.

A. von Amtswegen

a) wenn die Fortführung des Amtes insbesondere wegen pflichtwidrigen Verhaltens des Vormundes die Interessen des Mündels gefährden würde;

b) wenn in der Person des Vormundes einer der in dem § 1781 bestimmten Gründe der Untauglichkeit vorliegt, z. B. Stellung des Vormundes unter vorläufige Vormundschaft, Zuordnung eines Pflegers behufs Besorgung der Vermögensangelegenheiten des Vormundes, Ausbruch des Konkurses über das Vermögen des Vormundes, Verlust der bürgerlichen Ehrenrechte;

c) durch Eintritt des Mündels in eine Erziehungs- oder Verpflegungsanstalt.

Das Ausführungsgesetz zum B. G. B. bestimmt in Art. 78:

§ 1. Der Vorstand einer unter der Verwaltung des Staates oder einer Gemeindebehörde stehenden Erziehungs- oder Verpflegungsanstalt hat für die in der Anstalt untergebrachten Minderjährigen die Rechte und Pflichten eines Vormundes.

Die Rechte und Pflichten des Anstaltsvorstandes bestehen nur solange das Vormundschaftsgericht nicht einen anderen Vormund bestellt hat. Der Vorstand behält die Rechte und Pflichten des Vormundes auch nach der Beendigung der Erziehung oder Verpflegung bis zur Volljährigkeit des Mündels.

§ 2. Die Aufnahme des Minderjährigen in die Anstalt ist von dem Vorstande dem Vormundschaftsgerichte und dem Gemeindewaisenrate des Bezirks, in dem die Anstalt liegt, anzuzeigen.

Mit der Aufnahme in die Anstalt endigt das Amt des bisherigen Vormundes.

§ 3. Neben dem Vorstande ist ein Gegenvormund nicht zu bestellen.

Dem Vorstande stehen die nach § 1852 Abs. 2 des B. G. B. zulässigen Befreiungen zu.

d) durch den Tod des Vormundes;
e) mit der Entmündigung des Vormundes wegen Geisteskrankheit, Geistesschwäche, Verschwendung oder Trunksucht. § 1885;
f) mit der Erlassung des die Todeserklärung des Vormundes aussprechenden Urteils, § 1884, Abs. 2 und
g) mit dem Eintritt des Ereignisses bezw. der Feststellung des Nichteintritts des Ereignisses, von welchem das Vormundschaftsgericht die Entlassung des Vormundes bei der Bestellung abhängig gemacht hat. § 1790.

B. auf seinen Antrag:
1. wenn ein wichtiger Grund vorliegt. Ein wichtiger Grund ist insbesondere der Eintritt eines Umstandes, der den Vormund nach § 1786, Abs. 1 Nr. 2—7 berechtigen würde, die Uebernahme der Vormundschaft abzulehnen (s. Seite 4);
2. wenn eine verheiratete Frau Vormund ihrer Kinder ist und ihr Ehemann zur Fortführung der Vormundschaft seine Genehmigung versagt oder widerruft.

Ein vom Vormundschaftsgericht gegen seinen Willen entlassener Vormund hat nach § 60 des R. G. ü. d. A. der fr. Ger. das Rechtsmittel der sofortigen Beschwerde. Die Frist, binnen welcher die Beschwerde eingelegt werden muß, beträgt nach § 22 dieses Gesetzes zwei Wochen und beginnt mit dem Zeitpunkte, an welchem die Verfügung dem Beschwerdeführer bekannt gemacht worden ist. Ist ein Beschwerdeführer ohne sein Verschulden an der Einhaltung dieser Frist gehindert, so kann ihm auf seinen Antrag vom Beschwerdegericht die Wiedereinsetzung in den vorigen Stand erteilt werden, wenn die Beschwerde binnen zwei Wochen nach Beseitigung des Hindernisses eingelegt ist und die Thatsachen, welche die Wiedereinsetzung begründen, glaubhaft gemacht sind.

Ein Versäumung der Frist, die in dem Verschulden eines Vertreters ihren Grund hat, wird als eine unverschuldete nicht angesehen. Gegen eine Entscheidung über den Antrag findet die sofortige weitere Beschwerde statt. Die Beschwerde kann bei dem Vormundschaftsgericht oder bei dem Beschwerdegericht, d. i. dem Landgericht eingereicht werden, und zwar hat der Beschwerdeführer die Beschwerdeschrift mit seiner Namensunterschrift zu versehen oder sein Handzeichen notariell oder gerichtlich beglaubigen zu lassen oder die Beschwerde zu Protokoll des Gerichtsschreibers zu erklären.

Die weitere Beschwerde ist bei dem Landgericht oder Oberlandesgericht einzulegen und wenn sie durch Einreichung einer Beschwerdeschrift erfolgt, so muß diese von einem Rechtsanwalt unterzeichnet werden, § 29 d. R. G. ü. d. A. d. fr. Ger.

Gegen Verfügungen des Gerichts erster Instanz findet das Rechtsmittel der Beschwerde statt und entscheidet darüber das Landgericht. Die Beschwerde steht jedem zu, dessen Recht durch die Verfügung verletzt ist und kann bei dem Gericht, dessen Verfügung angefochten wird, oder bei dem Beschwerdegericht eingelegt werden. Die Einlegung erfolgt durch Einreichung einer Beschwerdeschrift oder zu Protokoll des Gerichtsschreibers, § 19, 20, 21 d. R. G. ü. d. A. d. fr. Ger.

Ist der Vormund, der eine Vermögensverwaltung zu führen hatte, vom Vormundschaftsgericht entlassen oder hat die Vormundschaft durch Großjährigkeit des Mündels ihr Ende erreicht, so hat der Vormund dem Mündel nach § 1890, 1891 das Vermögen herauszugeben, über die Verwaltung Rechnung zu legen, dem Gegenvormunde die Rechnung vorzulegen und nachdem dieser die Rechnung mit seinen Bemerkungen versehen hat, diese dem Vormundschaftsgericht einzureichen und seine und des Gegenvormundes Bestallung zurückzureichen.

C. Vormundschaft über Volljährige.

Das B. G. B. kennt eine dauernde und eine vorläufige Vormundschaft über Volljährige.

Die dauernde Vormundschaft über Volljährige tritt nur in den Fällen der Entmündigung ein.

Nach § 6 des B. G. B. können volljährige Personen entmündigt werden:

1. wenn sie infolge von Geisteskrankheit oder von Geistesschwäche ihre Angelegenheiten nicht zu besorgen vermögen;
2. wenn sie durch Verschwendung sich oder ihre Familie der Gefahr des Notstandes aussetzen;
3. wenn sie infolge von Trunksucht ihre Angelegenheiten nicht zu besorgen vermögen, sich oder ihre Familie der Gefahr des Notstandes aussetzen oder die Sicherheit Anderer gefährden.

Ueber diese drei Kategorien von Volljährigen ist nach § 1896 eine Vormundschaft einzuleiten, mithin ist auch für ein großjähriges noch nicht in selbständiger Stellung, sondern noch im Haushalt seiner Eltern befindliches Kind, sobald es wegen Geisteskrankheit, Geistesschwäche, Verschwendung oder Trunksucht entmündigt ist, eine Vormundschaft anzuordnen, da die elterliche Gewalt mit der Großjährigkeit endigt und durch die Entmündigung nicht verlängert wird.

Die Entmündigung wegen Geisteskrankheit tritt nach § 661 der C. P. O. vom 17. Mai 1898 mit der Bestellung des Vormundes und wenn der Entmündigte unter elterlicher Gewalt oder unter Vormundschaft steht, mit der Zustellung des Beschlusses an den gesetzlichen Vertreter, welchem die Sorge für die Person zusteht, in Wirksamkeit. Bei der Entmündigung wegen Geistesschwäche, Verschwendung und Trunksucht tritt die Entmündigung mit der Zustellung des Beschlusses an den Entmündigten in Wirksamkeit. (§ 661

Abs. 2, 683 Abs. 2 der C. P. O.) Die Thätigkeit des Vormundes über einen Entmündigten ist dieselbe wie die über einen Minderjährigen, nur mit dem oben angegebenen Unterschiede, daß der Vormund die gesetzliche Vertretung desselben in seinen persönlichen Angelegenheiten hat und auf die erforderliche Pflege, etwaige Heilung und Beaufsichtigung des Entmündigten sein Augenmerk zu richten hat. Im übrigen gilt auch alles das für den Vormund eines Volljährigen, was für den Vormund eines Minderjährigen vom Gesetz angeordnet ist.

Neben der dauernden Vormundschaft über einen Volljährigen hat das B. G. B. im § 1906 die vorläufige Vormundschaft eingeführt und zwar ist diese gewissermaßen die Vorläuferin der dauernden Vormundschaft. Voraussetzung der Einleitung der vorläufigen Vormundschaft ist, daß der Antrag auf Entmündigung gestellt sein muß und daß sie zur Abwendung einer erheblichen Gefährdung der Person oder des Vermögens der Volljährigen erforderlich ist. Sowohl Geisteskranke wie Geistesschwache, Trunkenbolde und Verschwender können unter vorläufige Vormundschaft gestellt werden, und werden diese durch die Einleitung in ihrer Geschäftsfähigkeit beschränkt.

Der nur vorläufig bestellte Vormund wird sich mit Rücksicht auf den Charakter der Vormundschaft als einer nur vorläufigen, eingreifender Anordnungen thunlichst zu enthalten und möglichst für die Aufrechterhaltung des bestehenden Zustandes im Interesse des Mündels zu sorgen haben. Die vorläufige Vormundschaft endet mit der Rücknahme oder der rechtskräftigen Abweisung des Antrages auf Entmündigung, sowie mit der Bestellung eines Vormundes nach erfolgter Entmündigung.

Bei der Vormundschaft über einen Volljährigen sind nach § 1898 der Vater und die eheliche Mutter des Mündels nicht berechtigt, einen Vormund zu bestellen oder jemandem von der Vormundschaft auszuschließen. Als Vormund eines

Volljährigen ist vor den Großvätern der Vater und nach ihm die eheliche Mutter berufen (§ 1899). Eine Ehefrau darf zum Vormunde ihres Ehemannes auch ohne dessen Zustimmung bestellt werden (§ 1900). Wird der Vater des Volljährigen zum Vormund bestellt, so unterbleibt die Bestellung eines Gegenvormundes, wird die Mutter jedoch bestellt, so kann ihr, wenn sie es beantragt oder wenn die Voraussetzungen vorliegen, unter denen ihr nach § 1687 Nr. 3 ein Beistand zu bestellen sein würde, ein Gegenvormund bestellt werden (§ 1904). Die uneheliche Mutter eines Volljährigen, der entmündigt ist, darf nach § 1900 vor dem Großvater zum Vormunde bestellt werden.

Die §§ 1852 bis 1855 des B. G. B. enthalten die Bestimmungen, daß der Vater und die eheliche Mutter eines Minderjährigen letztwillig die Bestellung eines Gegenvormundes verbieten und anordnen können, daß der von ihnen berufene Vormund (§ 1776 Nr. 1 und 2) bei der Anlegung von Geld den in den §§ 1809, 1810 bestimmten Beschränkungen nicht unterliegen und zu den im § 1812 bezeichneten Rechtsgeschäften der Genehmigung des Gegenvormundes oder des Vormundschaftsgerichtes nicht bedürfen soll. Diese Anordnungen sind als getroffen anzusehen, wenn der Vater oder die Mutter die Bestellung eines Gegenvormundes ausgeschlossen haben.

Der Vater oder die eheliche Mutter können ferner den von ihnen benannten Vormund von der Verpflichtung entbinden, Inhaber- oder Ordrepapiere zu hinterlegen und den im § 1816 bezeichneten Vermerk, daß er über die Forderungen gegen das Reich oder gegen einen Bundesstaat nur mit Genehmigung des Vormundschaftsgerichts verfügen könne, in das Reichsschuldbuch oder das Staatsschuldbuch eintragen zu lassen (§ 1853).

Der Vater und die eheliche Mutter können endlich noch nach § 1854 den von ihnen benannten Vormund von der Verpflichtung entbinden, während der Dauer seines Amtes Rechnung zu legen.

Von der Legung der Schlußrechnung bei Beendigung der Vormundschaft kann ein Vormund nicht entbunden werden.

Das Verbot der Offenlegung des Vermögensverzeichnisses kennt das B. G. B. nicht.

Alle diese Anordnungen können vom Vormundschaftsrichter außer Kraft gesetzt werden, wenn ihre Befolgung das Interesse des Mündels gefährdet (§ 1857).

Der Vormund hat im Falle der befreiten Vormundschaft nach Ablauf von je zwei Jahren eine Uebersicht über den Bestand des seiner Verwaltung unterliegenden Vermögens dem Vormundschaftsgericht einzureichen (§ 1854 Abs. 2).

Wird der Vater zum Vormund eines entmündigten volljährigen Kindes bestellt, so stehen ihm die in den vorgenannten §§ 1852—1854 angegebenen Befreiungen zu. Der ehelichen Mutter eines entmündigten volljährigen Kindes stehen dieselben Befreiungen zu, wird ihr jedoch ein Gegenvormund bestellt, so stehen ihr die oben im § 1852 bezeichneten Befreiungen nicht zu.

Der Vater und die Mutter müssen das Vermögen ihres volljährigen Kindes inventarisieren und die Uebersicht des Vermögensbestandes einreichen (§ 1640).

D. Beistandschaft.

Zum Schluß ist noch zu bemerken, daß, wie Eingangs kurz erwähnt, Voraussetzung der Einleitung einer Vormundschaft nicht blos der Tod und der Verlust der elterlichen Gewalt des Vaters, sondern auch der Tod und Verlust der elterlichen Gewalt der Mutter ist, sodaß eine Vormundschaft nur dann angeordnet werden kann, wenn die elterliche Gewalt beider Ehegatten aufgehört hat. Indessen hat das B. G. B. es für erforderlich erachtet, für diejenigen Fälle, in denen eine Vormundschaft nicht einzuleiten ist, weil noch die elterliche Gewalt der Mutter vorhanden ist, gewisse Einschränkungen zuzulassen.

Es hat im § 1687 wörtlich bestimmt:

Das Vormundschaftsgericht hat der Mutter einen Beistand zu stellen

1. wenn der Vater die Bestellung nach Maßgabe des § 1777 angeordnet hat;
2. wenn die Mutter die Bestellung beantragt;
3. wenn das Vormundschaftsgericht aus besonderen Gründen, insbesondere wegen des Umfanges oder der Schwierigkeit der Vermögensverwaltung, oder in den Fällen der §§ 1666, 1667 die Bestellung im Interesse des Kindes für nötig erachtet.

Die unter Nr. 1 und 2 angegebenen Fälle bedürfen weiter keiner Erörterung, wohl aber ist hinsichtlich der unter Nr. 3 aufgeführten Fälle erforderlich, den Wortlaut der beiden §§ 1666 und 1667 hier einzufügen:

§ 1666 lautet:

Wird das geistige und leibliche Wohl des Kindes dadurch gefährdet, daß der Vater das Recht der Sorge für die Person des Kindes mißbraucht und das Kind vernachlässigt oder sich eines ehrlosen oder unsittlichen Verhaltens schuldig macht, so hat das Vormundschaftsgericht die zur Abwendung der Gefahr erforderlichen Maßregeln zu treffen. Das Vormundschaftsgericht kann insbesondere anordnen, daß das Kind zum Zwecke der Erziehung in einer geeigneten Familie oder in einer Erziehungsanstalt oder einer Besserungsanstalt untergebracht wird. Hat der Vater das Recht des Kindes auf Gewährung des Unterhalts verletzt und ist für die Zukunft eine erhebliche Gefährdung des Unterhalts zu besorgen, so kann dem Vater auch die Vermögensverwaltung sowie die Nutznießung entzogen werden.

§ 1667 lautet:

Wird das Vermögen des Kindes dadurch gefährdet, daß der Vater die mit der Vermögensverwaltung oder die mit der Nutznießung verbundenen Pflichten verletzt oder daß er in Vermögensverfall gerät, so hat das Vormundschaftsgericht die zur Abwendung der Gefahr erforderlichen Maßregeln zu treffen.

Das Vormundschaftsgericht kann insbesondere anordnen, daß der Vater ein Verzeichnis des Vermögens einreicht und über seine Verwaltung Rechnung legt. Der Vater hat das Verzeichnis mit der Versicherung der Richtigkeit und Vollständigkeit zu versehen. Ist das eingereichte Verzeichnis ungenügend, so findet die Vorschrift des § 1640 Abs. 2 Satz 1 Anwendung.

§ 1640 Abs. 2 Satz 1 lautet:

Ist das eingereichte Verzeichnis ungenügend, so kann das Vormundschaftsgericht anordnen, daß das Verzeichnis durch eine zuständige Behörde oder durch einen zuständigen Beamten oder Notar aufgenommen wird.

Das Vormundschaftsgericht kann auch, wenn Wertpapiere, Kostbarkeiten oder Buchforderungen gegen das Reich oder einen Bundesstaat zu dem Vermögen des Kindes gehören, dem Vater die gleichen Verpflichtungen auferlegen, welche nach §§ 1814—1816 1818 einem Vormund obliegen. Die Vorschriften der §§ 1819, 1820 finden entsprechende Anwendung.

Nimmt der Vormundschaftsrichter wahr oder wird ihm gemäß § 1675 vom Gemeindewaisenrat angezeigt, daß die Mutter das Recht der Sorge für die Person ihres Kindes mißbraucht, das Kind vernachlässigt oder sich eines ehrlosen oder unsittlichen Verhaltens schuldig macht, so wird er die in den §§ 1666 und 1667 für zulässig erklärten Maßregeln zur Abwendung der Gefahr treffen müssen und einen Beistand bestellen, damit dieser dann die Rechte des Kindes gegenüber der Mutter wahrnimmt.

Der Beistand kann nach § 1688 für alle Angelegenheiten, für gewisse Arten von Angelegenheiten oder auch für eine einzelne Angelegenheit bestellt werden.

Der Beistand hat nach § 1689 die Mutter bei der Ausübung der elterlichen Gewalt zu unterstützen und sie zu überwachen und dem Vormundschaftsgericht jeden Fall, in welchem er zum Einschreiten berufen ist, unverzüglich anzuzeigen. Die Genehmigung des Beistandes ist zu allen Rechtsgeschäften erforderlich, zu denen der Vormund der Genehmigung des Gegenvormundes oder des Vormundschaftsgerichts bedarf. Die Genehmigung des Beistandes wird wie die des Gegenvormundes durch die Genehmigung des Vormundschaftsgerichts nach § 1690 Abs. 2 ersetzt.

Das Vormundschaftsgericht hat aber vor der Entscheidung über die Genehmigung in all den Fällen, in denen das Rechtsgeschäft zu dem Wirkungskreis des Beistandes gehört, den Beistand zu hören, sofern ein solcher vorhanden ist und die Anhörung thunlich ist.

Der Beistand hat bei der Aufstellung des Vermögensverzeichnisses mitzuwirken und die Richtigkeit und Vollständigkeit desselben zu versichern.

Er hat bei der Anlegung des Geldes, sobald sie in seinen Wirkungskreis fällt, die Vorschriften der §§ 1809 und 1810 zu beachten.

Für die Berufung, Bestellung und Beaufsichtigung des Beistandes, für seine Haftung und seine Ansprüche für die ihm zu bewilligende Vergütung und für die Beendigung seines Amtes gelten die gleichen Vorschriften wie bei dem Gegenvormunde (§ 1694).

Das Amt des Beistandes endigt im übrigen, wenn die elterliche Gewalt der Mutter ruht, da dann ein Vormund verpflichtet werden muß. Art. 210 des E. G. z. B. G. B. bestimmt, daß die Vorschriften des B. G. B. auf eine zur Zeit des Inkrafttretens des Bürgerlichen Gesetzbuchs bestehende Vormundschaft und Pflegschaft von dieser Zeit an in Anwendung kommen. Es endigen mithin am 1. Januar 1900 alle Vormundschaften, in denen die eheliche Mutter vaterloser Minderjähriger nicht wieder verheiratet ist und ihre elterliche Gewalt nicht nach §§ 1676—1678, 1696 des B. G. B. ruht.

Ein Beistand ist jedoch nach dem oben zitierten § 1687 Nr. 1 zu bestellen, wenn der Vater vor dem Inkrafttreten des B. G. B. letztwillig die Mutter von der Vormundschaft über das Kind ausgeschlossen oder der Mutter einen Gegenvormund zugeordnet hatte. Nach Art. 205 d. E. G. z. B. G. B. ist diese Anordnung als Anordnung der Bestellung eines Beistandes anzusehen.

Ist die Mutter vor Inkrafttreten des B. G. B. zur zweiten Ehe geschritten und Vormund ihrer Kinder, so bleibt die Vormundschaft bestehen und die Mutter ist nach Art. 210 Abs. 2 als Vormund beizubehalten, sie ist jedoch, wenn mit der Vormundschaft eine Vermögensverwaltung verbunden ist, nach § 1840 des B. G. B. verpflichtet, über die Vermögensverwaltung dem Vormundschaftsgerichte Rechnung zu legen, die Einreichung von Vermögensübersichten hört auf, da das B. G. B. solche nicht kennt.

Gegenvormund.

Das B. G. B. kennt wie die Pr. Vorm. O. das Institut des Gegenvormundes und gestattet die Bestellung eines solchen bei jeder Vormundschaft, es schränkt jedoch die obligatorische für den Fall ein, daß eine erhebliche Vermögensverwaltung mit der Vormundschaft verbunden ist, indem es im § 1792 anordnet, daß die Bestellung eines Gegenvormundes unterbleiben könne, wenn die Verwaltung nicht erheblich ist oder die Vormundschaft von mehreren Vormündern geführt wird.

Von der Bestellung eines Gegenvormundes muß seitens des Vormundschaftsgerichts abgesehen werden, wenn der Vater oder die eheliche Mutter bei Bestellung des Vormundes die Bestellung eines Gegenvormundes letztwillig untersagt haben (§§ 1852, 1855), und wenn der Vater oder die eheliche Mutter als Vormund eines entmündigten Volljährigen bestellt werden (§§ 1903 und 1904). Es kann auch von der Bestellung eines Gegenvormundes abgesehen werden, wenn eine Pflegschaft eingeleitet wird (§ 1915 Abs. 2).

Zum Gegenvormund dürfen Personen, welche geschäftsunfähig oder wegen Geistesschwäche, Verschwendung oder Trunksucht entmündigt sind, also nach § 1780 zur Uebernahme der Vormundschaft unfähig sind, und diejenigen Personen, welche minderjährig oder unter vorläufige Vormundschaft gestellt sind, oder zur Besorgung ihrer Vermögensangelegenheiten einen Pfleger erhalten haben, oder sich im Konkurse befinden, oder der Ausübung der bürgerlichen Ehrenrechte verlustig erklärt sind, also nach § 1781 zur Uebernahme der Vormundschaft untauglich sind, nach § 1792 Abs. 3 nicht bestellt werden.

Nach derselben Bestimmung soll auch derjenige, welcher durch Anordnung des Vaters oder der ehelichen Mutter des Mündels von der Gegenvormundschaft ausgeschlossen ist, zum Gegenvormund nicht bestellt werden. Eine Frau, die mit einem andern als dem Vater des Mündels verheiratet ist, soll nur mit Zustimmung ihres Ehemannes zum Gegenvormund bestellt werden. Soll ein Beamter des Staates oder der Kommunal- oder Kirchenverwaltung Gegenvormund werden, so ist seine Bestellung nur dann zu bewirken, wenn die nach den Landesgesetzen vorgeschriebene Genehmigung der vorgesetzten Behörde erteilt ist. Für Preußen ordnet dies Art. 72 d. A. G. z. B. G. B. ausdrücklich an. (Siehe oben Seite 2.)

Jeder Deutsche, welchem nicht die in den §§ 1780 und 1781 bestimmten Gründe entgegenstehen, muß nach § 1785 die Gegenvormundschaft, für die er vom Vormundschaftsgericht ausgewählt ist, übernehmen.

Dem Gegenvormunde stehen ebenso wie dem Vormunde die in dem § 1786 enthaltenen Ablehnungsgründe zur Seite. (Siehe oben Seite 4.)

Der ohne Grund die Führung einer Gegenvormundschaft Ablehnende kann ebenso wie der Vormund zur Uebernahme der Gegenvormundschaft durch Ordnungsstrafen bis zu 300 M. angehalten werden (§§ 1787, 1788).

Der vom Vormundschaftsrichter ausgewählte und mittels Handschlages an Eidesstatt verpflichtete Gegenvormund erhält damit die Rechte und Pflichten eines Gegenvormundes, wie sie im § 1799 ff. des B. G. B. enthalten sind.

Diese Bestimmung lautet:

Der Gegenvormund hat darauf zu achten, daß der Vormund die Vormundschaft pflichtmäßig führt. Er hat dem Vormundschaftsgerichte Pflichtwidrigkeiten des Vormundes sowie jeden Fall unverzüglich anzuzeigen, in welchem das Vormundschaftsgericht zum Einschreiten berufen ist, insbesondere den Tod des Vormundes oder den Eintritt eines andern Umstandes, infolgedessen das Amt des Vormundes endigt oder die Entlassung des Vormundes erforderlich wird.

Der Vormund hat dem Gegenvormund auf Verlangen über die Führung der Vormundschaft Auskunft zu erteilen und die Einsicht der sich auf die Vormundschaft beziehenden Papiere zu gestatten.

Der Wirkungskreis des Gegenvormundes beschränkt sich daher nicht blos auf die Vermögensverwaltung, sondern der Gegenvormund hat, wie aus vorstehender gesetzlicher Bestimmung deutlich hervorgeht, bei der Erziehung, Beaufsichtigung und bei der Bestimmung des Aufenthalts des Mündels ein Wort mitzusprechen, es steht ihm, wenn ihm die Maßnahmen des Vormundes das Wohl des Mündels zu gefährden scheinen, das Recht zu, Einspruch dagegen zu erheben und falls der Vormund dem Einspruche sich widersetzt, bei dem Vormundschaftsgericht vorstellig zu werden und seine Entscheidung anzurufen. Daß durch dieses Aufsichtsrecht ein gewisser Druck auf den Vormund ausgeübt werden kann, ist außer allem Zweifel. Ein lässiger, sich um den Mündel nicht kümmernder Vormund wird dadurch veranlaßt werden können, den Mündel gewissenhaft zu erziehen und zu beaufsichtigen. Andererseits aber kann ein bisher sorgsamer und gewissenhafter Vormund durch Mißbrauch dieses Aufsichtsrechts seitens des Gegenvormundes in das Gegenteil verwandelt werden, indem er an seiner Statt den Gegenvormund schalten und walten läßt und sich um den Mündel gar nicht mehr kümmert. Dem Gegenvormund muß ein gewisser Takt innewohnen, damit er den Vormund nicht verletzt und unbegründete Beschwerden erhebt, vor allem aber muß sich der Gegenvormund vor Maßregeln hüten, die sich als Chikane kennzeichnen, da ihm dann sehr leicht vom Vormundschaftsrichter Belehrungen zu teil werden könnten, die ihm nicht angenehm sein würden.

Der Gegenvormund hat die Pflicht

1. dem Vormundschaftsgericht Pflichtwidrigkeiten des Vormundes, sowie jeden Fall unverzüglich zur Anzeige zu bringen, in welchem das Vormundschaftsgericht zum Einschreiten berufen ist. Er hat somit sofort den Tod des Vormundes oder den Eintritt eines anderen Umstandes, infolgedessen das Amt des Vormundes endigt oder die Entlassung desselben erforderlich wird, anzuzeigen. So z. B. wenn der Vormund in Konkurs gerät, wenn er geisteskrank und entmündigt wird oder wenn er sich in der Verwaltung des Mündelvermögens der Untreue und Unterschlagung schuldig macht ꝛc. (§ 1799 Abs. 1);
2. er hat auf Verlangen des Vormundschaftsgerichts diesem jederzeit über die Führung der Vormundschaft und über die persönlichen Verhältnisse des Mündels Auskunft zu erteilen (§ 1839).

Der Gegenvormund hat das Recht

1. von dem Vornmnd Auskunft über die Führuug der Vormundschaft und Einsicht in die sich auf die Vormundschaft beziehenden Papiere zu verlangen (§ 1799 Abs. 3);
2. die Einsetzung des Familienrats und die Einberufung eines eingesetzten Familienrats zu beantragen (§ 1859, 1873);

3. den Antrag auf Anhörung von Verwandten und Verschwägerten des Mündels vor einer vom Vormundschaftsgericht zu treffenden Entscheidung zu stellen (§ 1847).

Was nun in Sonderheit den Wirkungskreis des Gegenvormundes bezüglich der Verwaltung des Mündelvermögens anlangt, so ist der Gegenvormund vom Vormund

1. bei der Feststellung des Vermögens, das bei Anordnung der Vormundschaft vorhanden ist oder dem Mündel später zufällt, zuzuziehen. Der Gegenvormund hat das vom Vormund aufgestellte Vermögensverzeichnis nach vorheriger gewissenhafter Prüfung des Bestandes mit der Versicherung der Richtigkeit und Vollständigkeit zu versehen (§ 1802 Satz 2);
2. bei der Anlegung des Mündelgeldes zu befragen. Der Gegenvormund hat hierbei die in den §§ 1806—1808 vorgeschriebene Anlegung genau zu beachten und wenn er wahrnimmt, daß der Vormund davon abweicht, dagegen Einspruch zu erheben und dem Vormundschaftsgericht so schleunig wie möglich davon Anzeige zu erstatten, damit die nicht mündelsichere Anlegung verhindert oder rückgängig gemacht wird;
3. bei der Abhebung bezw. Rückzahlung von Mündelgeld, sobald dieses unter der Bestimmung, daß die Abhebung und Rückzahlung nur mit Genehmigung des Gegenvormundes erfolgen darf, um seine Genehmigung anzugehen.

Unter allen Umständen bedarf der Vormund der Genehmigung des Gegenvormundes, wenn es sich um die Erhebung von Geld handelt, welches in Hypotheken, Grundschulden, Rentenschulden, in Schuldverschreibungen des Reichs oder eines Bundesstaates, in Forderungen, welche in das Reichsschuldbuch oder in das Staatsschuldbuch eines Bundesstaates eingetragen sind, in Schuldverschreibungen, deren Verzinsung vom Reich oder von einem Bundesstaat gewährleistet ist, in Wertpapieren oder Schuldverschreibungen einer inländischen kommunalen Körperschaft oder Kreditanstalt einer solchen Körperschaft angelegt ist (§ 1807 Nr. 4).

Der Vormund bedarf nach § 1813 des B. G. B. nicht der Genehmigung des Gegenvormundes zur Annahme einer geschuldeten Leistung

1. wenn der Gegenstand der Leistung nicht in Geld oder Wertpapieren besteht;
2. wenn der Anspruch nicht mehr als dreihundert Mark beträgt;
3. wenn Geld zurückgezahlt wird, das der Vormund angelegt hat;
4. wenn der Anspruch zu den Nutzungen des Mündelvermögens gehört;
5. wenn der Anspruch auf Erstattung von Kosten der Kündigung oder der Rechtsverfolgung oder auf sonstige Nebenleistungen gerichtet ist,

sofern nicht etwas Anderes bestimmt ist;

4. bei der Aufstellung der Verwaltungsrechnung und der bei Beendigung der Vormundschaft zu legenden Schlußrechnung nach §§ 1842, 1891 zuzuziehen.

Der Vormund hat dem Gegenvormund die Rechnung und Schlußrechnung mit Belägen, sowie den Vermögensbestand vorzulegen. Der Gegenvormund hat die Rechnung nachzuprüfen und mit den Bemerkungen zu versehen, zu denen die Prüfung ihm Anlaß giebt.

Die Gegenvormundschaft wird unentgeltlich geführt. Das Vormundschaftsgericht kann jedoch dem Gegenvormund aus besonderen Gründen eine angemessene Vergütung bewilligen; die Bewilligung soll nur erfolgen, wenn das Vermögen des Mündels, sowie der Umfang und die Bedeutung der Geschäfte es rechtfertigen. Die Vergütung kann jederzeit für die Zukunft geändert oder entzogen werden (§ 1836).

Der Gegenvormund ist dem Mündel für den aus einer Pflichtverletzung entstehenden Schaden verantwortlich, wenn ihm ein Verschulden zur Last fällt. Er haftet also für Vorsatz und für Fahrlässigkeit auch dann, wenn er die im Verkehr erforderliche Sorgfalt außer acht läßt (§§ 1833, 276).

Dem Gegenvormunde steht nach § 57 und § 60 des R. G. ü. d. A. d. fr. Ger. ein selbständiges Beschwerderecht zu und zwar die einfache, an keine Frist gebundene Beschwerde gegen eine Verfügung, durch die sein Antrag, einerseits gegen den gesetzlichen Vertreter wegen pflichtwidrigen Verhaltens einzuschreiten, andererseits den Vormund oder Pfleger aus einem der im § 1886 des B. G. B. bezeichneten Gründe zu entlassen, zurückgewiesen wird, ebenso auch gegen eine Verfügung, durch die dem Vormund eine Vergütung bewilligt wird.

Die sofortige, binnen einer Frist von zwei Wochen einzulegende Beschwerde steht dem Gegenvormunde gegen nachfolgende Verfügung zu, falls er als Berufener übergangen wird, falls seine Weigerung, die Gegenvormundschaft zu übernehmen, zurückgewiesen wird, falls er gegen seinen Willen entlassen wird.

In welcher Weise die Beschwerde abzufassen und einzulegen ist und welche weiteren Rechtsmittel zulässig sind, ist oben unter dem Beschwerderecht des Vormundes ausgeführt (Seite 25).

Der Gegenvormund kann aus denselben Gründen wie der Vormund gemäß § 1786 Abs. 1 Nr. 2 bis 7 und § 1895 seine Entlassung beantragen und hat seine Bestallung nach der Entlassung zurückzugeben. Er kann aber wegen pflichtwidrigen Verhaltens, wenn das Interesse des Mündels gefährdet wird oder wenn in seiner Person einer der im § 1781 bestimmten Gründe vorliegt, nach §§ 1886 und 1895 entlassen werden. Das Vormundschaftsgericht kann ferner auch eine Frau, welche zum Gegenvormunde bestellt ist, entlassen, wenn sie sich wieder verheiratet, es muß eine solche Frau aber entlassen werden, wenn der Mann seine Zustimmung zur Fortführung versagt oder widerruft. In gleicher Weise ist ein zum Gegenvormund bestellter Beamter des Staates oder der Kommunal- oder Kirchenverwaltung zu entlassen, wenn die vorgesetzte Behörde die Erlaubnis versagt oder zurücknimmt (§§ 1888, 1895 und Art. 72 des A. G. zum B. G. B.).

Ohne weiteres endigt das Amt des Gegenvormundes, wenn er entmündigt wird, stirbt oder für tot erklärt wird, wenn die Vormundschaft ihr Ende durch Eintritt der Großjährigkeit des Mündels erreicht und wenn die Bevormundung durch einen Anstaltsvorstand eintritt (§ 3, Art. 78 des A. G. zum B. G. B.).

Pfleger.

Neben der elterlichen Gewalt und der Vormundschaft hat das B. G. B. die Anordnung einer Pflegschaft eingeführt und im § 1909 wörtlich bestimmt:

> Wer unter elterlicher Gewalt oder unter Vormundschaft steht, erhält für Angelegenheiten, an deren Besorgung der Gewalthaber oder der Vormund verhindert ist, einen Pfleger.

Es gehören dahin alle die Fälle, in denen der Vater, die Mutter oder der Vormund durch Abwesenheit oder Krankheit an der Besorgung der Angelegenheiten verhindert sind oder wegen mangelnder Gewandtheit, das Vermögen des Kindes nicht verwalten können, oder aber in denen die Interessen des Vormundes und Mündels sich widerstreiten. Insonderheit ist ein Pfleger zu bestellen, wenn der Mündel gegen den Vormund, oder das Kind gegen den Inhaber der elterlichen Gewalt einen Rechtsstreit zu führen hat oder wenn auf Grund der §§ 1666, 1667, 1668, 1669, 1670, 1686 und 1640 dem Inhaber der elterlichen Gewalt die Sorge für die Person oder die Verwaltung des Vermögens des Kindes entzogen wird. Dem zu bestellenden Pfleger ist die Sorge für die Person und die Verwaltung des Vermögens gemäß §§ 1670, 1909 zu übertragen. Nach Satz 2 des § 1909 erhält der unter elterlicher Gewalt oder unter Vormundschaft Stehende einen Pfleger zur Verwaltung des Vermögens, das er von Todeswegen erwirbt oder das ihm unter Lebenden von einem Dritten unentgeltlich zugewendet wird, wenn der Erblasser durch letztwillige Verfügung, der Dritte bei der Zuwendung bestimmt hat, daß dem Gewalthaber oder dem Vormunde die Verwaltung nicht zustehen soll.

Tritt das Bedürfnis einer Pflegschaft ein, so hat der Gewalthaber oder der Vormund dem Vormundschaftsgericht unverzüglich Anzeige zu machen.

Das B. G. B. kennt jedoch außer den oben angegebenen Fällen noch eine ganze Reihe besonderer Fälle, in denen eine Pflegschaft eingeleitet werden muß.

a. Nach § 1910 kann ein Volljähriger, der nicht unter Vormundschaft steht, für seine Person und sein Vermögen einen Pfleger erhalten, wenn er infolge körperlicher Gebrechen, insbesondere weil er taub, blind oder stumm ist, seine Angelegenheiten nicht zu besorgen vermag.

Die Pflegschaft darf jedoch nach Abs. 3 des § 1910 nur mit Einwilligung des Gebrechlichen angeordnet werden, es sei denn, daß eine Verständigung mit ihm nicht möglich ist. Auch kann nach Abs. 2 des § 1910 jeder Volljährige, der nicht unter Vormundschaft steht, jedoch infolge geistiger oder körperlicher Gebrechen einzelne Angelegenheiten oder einen bestimmten Kreis seiner Angelegenheiten, insbesondere seine Vermögensangelegenheiten nicht zu besorgen vermag, einen Pfleger zur Besorgung dieser Angelegenheiten erhalten.

b. Nach § 1911 erhält ein abwesender Volljähriger, abweichend von der Pr. Vorm. Ord., nicht einen Vormund, sondern einen Abwesenheitspfleger für seine Vermögensangelegenheiten, wenn sein Aufenthalt unbekannt ist. Ein solcher Pfleger ist ihm insbesondere auch dann zu bestellen, wenn er durch Erteilung eines Auftrages oder einer Vollmacht Fürsorge getroffen hat, aber Umstände eingetreten sind, die zum Widerruf des Auftrags oder der Vollmacht Anlaß geben. Das Gleiche gilt von einem Abwesenden, dessen Aufenthalt bekannt ist, der aber an der Rückkehr und der Besorgung seiner Vermögensangelegenheiten verhindert ist. Voraussetzung dieser Pflegschaft ist nur Volljährigkeit und Abwesenheit vom Wohnorte.

c. Der § 1912 lautet:

Eine Leibesfrucht erhält zur Wahrung ihrer künftigen Rechte, soweit diese einer Fürsorge bedürfen, einen Pfleger. Die Fürsorge steht jedoch dem Vater oder der Mutter zu, wenn das Kind, falls es bereits geboren wäre, unter elterlicher Gewalt stehen würde.

Voraussetzung dieser Pflegschaft ist, daß die Leibesfrucht, falls sie geboren wäre, nicht unter elterlicher Gewalt stehen würde, da andernfalls überhaupt eine Pflegschaft nicht einzuleiten ist. Hauptsächlich wird die Anordnung der Pflegschaft einer Leibesfrucht eintreten müssen, wenn der Leibesfrucht ein Vermächtnis ausgesetzt oder sie zum Nacherben eingesetzt ist (§ 1923 Abs. 2 § 2114 ff.), sie kann aber auch gemäß § 844 Abs. 2 letzter Satz zum Zwecke der Wahrnehmung der einer Leibesfrucht zustehenden Ansprüche wegen vorsätzlicher oder fahrlässiger Tötung einer Person, welche der Leibesfrucht gegenüber, wenn sie bereits geboren wäre, kraft Gesetzes unterhaltungspflichtig ist, eingeleitet werden.

d. Ferner kennt das B. G. B. ebenso wie das Allg. L. R. die Pflegschaft für unbekannte Beteiligte, indem es im § 1913, wie folgt, bestimmt:

Ist unbekannt oder ungewiß, wer bei einer Angelegenheit der Beteiligte ist, so kann dem Beteiligten für diese Angelegenheit, soweit eine Fürsorge erforderlich ist, ein Pfleger bestellt werden. Insbesondere kann einem Nacherben, der noch nicht erzeugt ist oder dessen Persönlichkeit erst durch ein künftiges Ereignis bestimmt wird, für die Zeit bis zum Eintritt der Nacherbfolge ein Pfleger bestellt werden. Nach den Motiven Bd. 4 S. 1265 kann auch auf Grund des vorgenannten Paragraphen für eine noch garnicht empfangene Person ein Pfleger bestellt werden. Es ist dies die nach dem Allg. L. R. bereits bestehende Pflegschaft über die zu erwartende Nachkommenschaft einer Person (§ 2101).

Die Befugnisse des Pflegers richten sich nach den ihm übertragenen Geschäften.

e. Endlich erwähnt § 1914 noch die Pflegschaft für ein durch Sammlung zusammengebrachtes Vermögen.

Der § 1914 lautet:

Ist durch eine öffentliche Sammlung Vermögen für einen vorübergehenden Zweck zusammengebracht worden, so kann zum Zweck der Verwaltung und Verwendung des Vermögens ein Pfleger bestellt werden, wenn die zu der Verwaltung und Verwendung berufenen Personen weggefallen sind.

Diese Art der Pflegschaft ist neu und liegt dem Pfleger lediglich die Verwaltung und Verwendung des gesammelten Vermögens ob.

Nach § 1915 Abs. 1 d. B. G. B. finden auf die Pflegschaft die für die Vormundschaft geltenden Vorschriften Anwendung, soweit sich nicht aus dem Gesetz ein anderes ergiebt.

Zum Pfleger kann mithin derjenige nicht bestellt werden, welcher nach §§ 1780 und 1781 zur Uebernahme einer Vormundschaft unfähig oder untauglich ist.

Jeder Deutsche hat die Pflegschaft, für die er vom Vormundschaftsgericht ausgewählt ist, zu übernehmen, sofern nicht seiner Bestellung zum Pfleger einer der in den §§ 1780 bis 1784 bestimmten Gründe entgegensteht. (Siehe Seite 2.) Es stehen ihm aber dieselben Ablehnungsgründe, aus denen der Vormund die Uebernahme der Vormundschaft ablehnen oder niederlegen kann, zu. Diese sind oben (Seite 4) einzeln angegeben. Bemerkt sei hierzu, daß derjenige, welcher mehr als eine Pflegschaft bereits führt, zur Ablehnung der Uebernahme einer weiteren Pflegschaft berechtigt ist.

Die Vorschriften über die Berufung eines Vormundes gelten auch für den Pfleger und es können für einen solchen Pfleger seitens des Dritten die in den §§ 1852 bis 1854 bezeichneten Befreiungen nach § 1917 Abs. 2 letztwillig oder bei der Zuwendung angeordnet werden.

Der Pfleger wird vom Vormundschaftsrichter durch Handschlag an Eidesstatt bestellt und erhält eine Bestallung.

Sein Wirkungskreis richtet sich nach der ihm vom Vormundschaftsgericht bestimmten Thätigkeit, die zum Teil nur in der Sorge für die Person des Pflegebefohlenen, zum

Teil für die Sorge um die Verwaltung des Mündelvermögens, zum Teil in der Sorge für beides bestehen kann.

Gehört die Verwaltung von Vermögen des Pflegebefohlenen zu den Obliegenheiten des Pflegers, so hat er sich bezüglich der Anlegung nach den in den §§ 1806 bis 1810, 1821 bis 1823 enthaltenen Bestimmungen zu richten und die dort vorgeschriebene Genehmigung des Vormundschaftsgerichts einzuholen. Die Einholung der Genehmigung des Gegenvormundes erübrigt sich, da nach § 1915 Abs. 2 die Bestellung eines Gegenvormundes nicht erforderlich ist und das Vormundschaftsgericht wohl nur in den seltensten Fällen davon abweichen und einen Gegenvormund bestellen wird.

Der Pfleger hat ebenso wie der Vormund während der Dauer seines Amtes Rechnung über die Verwaltung des Vermögens des Pflegebefohlenen zu legen und bei Beendigung der Pflegschaft dem Vormundschaftsgericht Schlußrechnung einzureichen. Das Vormundschaftsgericht bestimmt die Zwischenräume, in denen vom Pfleger die Verwaltungsrechnung einzureichen ist.

Das B.G.B. unterscheidet die Fälle, in denen die Beendigung der Pflegschaft mit dem Eintritt eines bestimmten Ereignisses von selbst eintritt, von denjenigen, in welchen die Beendigung erst mit der Aufhebung durch das Vormundschaftsgericht eintritt. Zu den ersteren gehören nach § 1918 Abs. 1 die Pflegschaften für eine unter elterlicher Gewalt oder unter Vormundschaft stehende Person. Es endigt diese Pflegschaft mit der Beendigung der elterlichen Gewalt oder der Vormundschaft. Ferner nach Abs. 2 desselben Paragraphen die Pflegschaft über eine Leibesfrucht, hier endet die Pflegschaft mit der Geburt des Kindes und nach Abs. 3 des § 1918 die Pflegschaft zur Besorgung einer einzelnen Angelegenheit, welche mit deren Erledigung eintritt. Endlich nach § 1921 Abs. 3 die Pflegschaft über einen Abwesenden, der für tot erklärt wird, mit dem Erlaß des die Todeserklärung aussprechenden Urteils und die nach § 1910 über einen Gebrechlichen bestehende Pflegschaft mit dem Tode desselben.

Zu den erst mit der Aufhebung durch das Vormundschaftsgericht endigenden Pflegschaften gehören:

1. die über einen Gebrechlichen gemäß § 1910 eingeleitete Pflegschaft, sobald dieser es beantragt (§ 1920);
2. die über einen Abwesenden gemäß § 1911 eingeleitete Pflegschaft, wenn der Abwesende an der Besorgung seiner Vermögensangelegenheiten nicht mehr verhindert ist (§ 1921 Abs. 1 Satz 1), oder wenn der Abwesende gestorben ist (§ 1921 Abs. 2);
3. die Pflegschaft für eine Leibesfrucht. Diese endigt mit der Geburt eines toten Kindes oder mit der Feststellung, daß eine Schwangerschaft nicht vorgelegen hat;
4. die zum Zwecke der Verwaltung und Verwendung eines durch öffentliche Sammlung für einen vorübergehenden Zweck zusammengebrachten Vermögens, wenn der Pfleger dem Vormundschaftsgericht die Verwendung nachgewiesen hat (§ 1919).

Der Pfleger kann ebenso wie der Vormund vom Vormundschaftsgericht wegen pflichtwidrigen Verhaltens entlassen werden oder um seine Entlassung bitten.

Einem Pfleger, der gegen seinen Willen vom Vormundschaftsgericht entlassen worden ist, steht gegen die Verfügung nach § 60 Nr. 3 des R. G. ü. d. A. d. fr. Ger. das Rechtsmittel der sofortigen Beschwerde zu.

Dasselbe Rechtsmittel hat nach § 60 Nr. 1 und 2 d. R. G. ü. d. A. d. fr. Ger. der als Pfleger Berufene, wenn er vom Vormundschaftsgericht übergangen wird, und derjenige, welcher sich weigert, die Pflegschaft zu übernehmen und mit dieser Weigerung zurückgewiesen wird. Das Nähere über die Frist, in welcher die sofortige Beschwerde einzulegen ist, wie die Beschwerdeschrift beschaffen sein muß und welche weiteren Rechtsmittel zulässig sind, ist bei dem Beschwerderecht des Vormundes angegeben.

Außer der sofortigen Beschwerde hat der Pfleger noch die einfache Beschwerde gegen Verfügungen des Vormundschaftsgerichts.

Familienrat.

Das Institut des Familienrats ist aus der Pr. Vorm.-Ord. in das neue Vormundschaftsrecht von dem B. G. B.

übernommen worden. Es erfolgt die Einsetzung des Familienrats sowohl bei der Vormundschaft als bei der Pflegschaft, und zwar entweder auf Anordnung des Vaters oder der ehelichen Mutter des Mündels durch letztwillige Verfügung gemäß § 1858, oder auf Antrag eines Verwandten oder Verschwägerten des Mündels, oder auf Antrag des Vormundes oder des Gegenvormundes, wenn das Vormundschaftsgericht die Einsetzung im Interesse des Mündels für angemessen erachtet (§ 1859).

Der Familienrat hat nach § 1872 die Rechte und Pflichten des Vormundschaftsgerichts. Er hat also insbesondere die Aufsicht über die Führung der Vormundschaft und das Genehmigungsrecht bezüglich der vom Vormund auszuführenden Handlungen auszuüben, ferner die Prüfung des vom Vormund eingereichten Vermögensverzeichnisses und der vom Vormund zu legenden Verwaltungsrechnungen. Der Familienrat hat endlich auch bei der Verhängung sowie Einziehung der Ordnungsstrafen vom Vormunde und bei der Bestellung sowie Entlassung des Vormundes mitzuwirken. Für seine Handlungen ist der Familienrat verantwortlich (§ 1872 Abs. 2).

Der Familienrat besteht aus dem Vorsitzenden und aus mindestens zwei, höchstens sechs Mitgliedern, welche entweder von dem Vater oder der ehelichen Mutter des Mündels letztwillig berufen oder von dem Vormundschaftsrichter auszuwählen sind (§ 1860).

Eine als Mitglied des Familienrats berufene Person kann ebenso wie eine zum Vormunde berufene Person übergangen werden. Zum Mitgliede des Familienrats kann nicht bestellt werden, wer geschäftsunfähig oder wegen Geistesschwäche, Verschwendung oder Trunksucht entmündigt ist (§ 1865).

Zum Mitgliede des Familienrats soll nicht bestellt werden (§ 1866, 1867):

1. der Vormund des Mündels;
2. wer nach § 1781 oder nach § 1782 nicht zum Vormunde bestellt werden soll;

3. wer durch Anordnung des Vaters oder der ehelichen Mutter des Mündels von der Mitgliedschaft ausgeschlossen ist;
4. Nichtverwandte oder Nichtverschwägerte des Mündels.

Nichtverwandte oder Nichtverschwägerte können jedoch vom Vorsitzenden ausgewählt werden nach § 1867 u. 1864, wenn sie

a) von dem Vater oder der ehelichen Mutter des Mündels benannt worden sind;
b) von dem Familienrat ausgewählt worden sind;
c) der Familienrat durch vorübergehende Verhinderung eines Mitgliedes beschlußunfähig wird und ein Ersatzmitglied nicht vorhanden ist. Ein solches Ersatzmitglied ist jedoch nur für die Dauer der Verhinderung des ordentlichen Mitgliedes zu bestellen.

Nach § 1869 d. B. G. B. ist Niemand verpflichtet das Amt eines Mitgliedes des Familienrats zu übernehmen.

Der Familienrat wird von dem Vorsitzenden einberufen. Die Einberufung hat zu erfolgen, wenn zwei Mitglieder, der Vormnnd oder der Gegenvormund sie beantragen oder wenn das Interesse des Mündels sie erfordert (§ 1873).

Zur Beschlußfähigkeit des Familienrats ist die Anwesenheit des Vorsitzenden und mindestens zweier Mitglieder erforderlich. Die Beschlüsse werden nach der Mehrheit der Stimmen der Anwesenden gefaßt, bei Stimmengleichheit entscheidet die Stimme des Vorsitzenden (§ 1874). Ein Mitglied des Familienrats, welches ohne genügende Entschuldigung der Einberufung nicht Folge leistet oder die rechtzeitige Anzeige seiner Verhinderung unterläßt oder sich der Teilnahme an der Beschlußfassung enthält, ist von dem Vorsitzenden in die dadurch verursachten Kosten zu verurteilen, auch kann über dasselbe vom Vorsitzenden eine Ordnungsstrafe bis zu 100 ℳ verhängt worden. Eine nachträglich eingebrachte Entschuldigung hat die Aufhebung der getroffenen Verfügungen zur Folge (§ 1875).

Die Mitglieder des Familienrats können von dem Mündel Ersatz ihrer Auslagen verlangen; der Betrag der Auslagen wird von dem Vorsitzenden festgesetzt (§ 1877).

Das Amt eines Mitgliedes des Familienrats endigt aus denselben Gründen wie das Amt eines Vormundes, nämlich durch den Tod, oder die Entmündigung des Mitgliedes oder durch das, die Todeserklärung des Mitglieds aussprechenden Urteil (§ 1878 Abs. 1).

Ein Mitglied des Familienrats kann wider seinen Willen nur durch das dem Vormundschaftsgericht im Instanzenzuge vorgeordnete Gericht, also durch das Landgericht entlassen werden (§ 1878 Abs. 2). Das Vormundschaftsgericht muß ein Mitglied des Familienrats auf seinen Antrag entlassen wenn es das 60. Lebensjahr vollendet hat, wenn es mehr als vier minderjährige eheliche Kinder hat, wenn es durch Gebrechen und Krankheit verhindert ist, als Mitglied des Familienrats zu amtieren oder wenn es wegen zu weiter Entfernung seines Wohnsitzes den Sitzungen des Familienrats nicht ohne besondere Belästigung beiwohnen kann. Das gegen seinen Willen vom Landgericht entlassene Mitglied des Familienrats hat nach § 60 Nr. 4 u. § 64 des R. G. ü. d. A. d. fr. Ger. die sofortige Beschwerde bei dem Oberlandesgericht anzubringen. Eine weitere Beschwerde ist ausgeschlossen. Das Nähere über die Frist, binnen welcher das Rechtsmittel der sofortigen Beschwerde einzulegen ist, und die Beschaffenheit der Beschwerdefrist ist oben unter dem Beschwerderecht des Vormunds gesagt und enthält § 22 u. 29 d. R. G. ü. d. A. d. fr. Ger.

Die Aufhebung des Familienrats geschieht durch das Vormundschaftsgericht, wenn es an der zur Beschlußfassung erforderlichen Zahl von Mitgliedern fehlt und geeignete Personen zur Ergänzung nicht vorhanden sind und wenn das Ereignis eintritt oder nicht eintritt von dessen Eintreten oder Nichteintreten der Vater oder die eheliche Mutter des Mündels die Aufhebung des von ihnen gemäß § 1777 angeordneten Familienrats abhängig gemacht haben § 1879 u. 1880.

Gegen eine die Aufhebung des Familienrats aussprechende Verfügung ist nach § 60 Nr. 4 des R. G. ü. d. A. d. fr. Ger. die sofortige Beschwerde zulässig.

Anlage A.

Verzeichnis

des Nachlasses des am 3. Januar 1900 zu N. verstorbenen Bauerngutsbesitzers Gustav Adolf Mauer und des damit den Kindern desselben zugefallenen Vermögens.

		ℳ	₰
	Titel I. An unbeweglichen Gütern:		
1.	Das Bauerngut Nr. 10 zu N., letzter Kaufpreis 50 000 ℳ laut landschaftlicher Taxe abgeschätzt auf	45 000	—
	Summa	45 000	—
	Titel II. Ausstehende Forderungen und Wertpapiere:		
1.	Auf Nr. 20 der Häuslerstelle von N. eine Hypothek von	1 200	—
	Zu 4% verzinslich 1. Juli und 1. Januar, Zinsen seit 1. Juli 1899 rückständig mit	24	—
2.	Auf Nr. 35 des Bauerguts Nr. 1 von N. eine Hypothek von	3 000	—
	Zu 4% verzinslich 1. Juli und 1. Januar, Zinsen seit dem 1. Juli 1899 rückständig mit . . .	60	—
3.	In der N'schen Sparkasse lt. Buch 1 N. 1, Nr. 12178	1 000	—
	3% Zinsen seit 1. Oktober 1899 bis 1. Januar 1900	7	50
	Summa	4 291	50
	Titel III. Baares Geld	275	—
	Titel IV. An goldenen, silbernen und anderen Medaillen und seltenen Münzen:		
1.	Die Kriegsdenkmünze 1870/71, das allgemeine Ehrenzeichen und eine alte römische Münze (unschätzbar).		
	Titel V. An Juwelen und Kleinodien:		
1.	Ein goldener Trauring gez. R. M.	10	—
2.	Ein goldener Trauring gez. M. M.	10	—
3.	Ein goldener Siegelring	20	—
	Summa	40	—
	Titel VI. An Uhren, Tabatièren und anderen kleinen kostbaren oder künstlichen Stücken:		
1.	Eine goldene Remontoiruhr	120	—
2.	Eine goldene Kette.	80	—
3.	Eine silberne Tabaksdose	15	—
	Summa	215	—

		ℳ	₰
	Titel VII. An Gold- und Silbergeschirr:		
1.	Ein Dutzend Eßlöffel	24	—
2.	$2^1/_2$ Dutzend Theelöffel	15	—
	Summa	39	—
	Titel VIII. Porzellan:		
1.	Ein vollständiges weißes Porzellanservice	40	—
2.	Ein vollständiges gemustertes Porzellanservice . .	60	—
	Summa	100	—
	Titel IX. An Gläser:		
1.	Ein Glaspokal mit Gravierung (altertümlich) . .	5	—
	Summa	5	—
	Titel X. An Zinn, Kupfer, Metall, Messing, Blech und Eisen:		
1.	Ein zinnernes Bierseidel	3	—
	Summa	3	—
	Titel XI. An Leinenzeug und Betten:		
1.	4 vollständige Gebett Betten à 40 ℳ	160	—
2.	4 vollständige Bettbezüge à 20 ℳ	80	—
3.	4 Bettdecken à 5 ℳ	20	—
4.	Zwei vollständige Tischgedecke von Leinen	60	—
	Summa	220	—
	Titel XII. An Möbel und Hausgerät:		
1.	Ein Kleiderschrank	25	—
2.	Ein Tisch	15	—
3.	12 Rohrstühle	24	—
4.	Ein Schreibtisch	60	—
5.	Vier Bettstellen	40	—
	Summa	164	—
	Titel XIII. An Kleidungsstücken:		
1.	Ein Winteranzug	50	—
2.	Zwei Sommeranzüge	80	—
3.	Ein Arbeitsanzug	10	—
4.	Ein Pelz	50	—
5.	Zwei Hüte	3	—
6.	Zwei Mützen	2	—
7.	Zwei Paar Stiefeln	10	—
8.	Ein Paar Schuhe	5	—
9.	Zwei Paar Pantoffeln	4	—
	Summa	214	—

		ℳ	₰
	Titel XIV. An Wagen und Geschirr:		
1.	Zwei Erntewagen	100	—
2.	Zwei Bretterwagen mit eisernen Axen	250	—
3.	Drei Eggen	15	—
4	Zwei Butterfässer	10	—
5.	Ein Kutschwagen	180	—
6.	Verschiedene Wirtschaftsgeräte	20	—
7.	Vier Paar Geschirre	100	—
	Summa	675	—
	Titel XV. An Pferden:		
1.	Zwei Ackerpferde	420	—
2.	Ein Paar Kutschpferde	1 000	—
3.	Acht Schweine	400	—
	Summa	1 820	—
	Titel XVI. An Vorrat zum Gebrauch:		
1.	25 Centner Heu	60	—
2.	100 Centner Roggen	1 000	—
	Summa	1 060	—
	Titel XVII. An Vorrat und Waren:		
	Titel XVIII.		
1.	Vier Familienbilder (unschätzbar).		
2.	Ein Oeldruckbild	2	—
	Summa	2	—
	Titel XIX. An Büchern und Manuskripten:		
1.	Ein Gesangbuch	1	—
2.	Ein Konversations-Lexikon von Meyer	10	—
	Summa	11	—
	Titel XX. An Briefschaften und Dokumenten:		
1.	Die beiden Hypothekenbriefe über die Titel II. aufgeführten 2 Hypotheken von 1 200 und 3 000 ℳ.		
	Titel XXI:		
1.	Die Begräbniskosten laut der 10 Beläge mit . . .	180	—
2.	Ein Grabdenkmal	60	—
	Summa	240	—

Zusammenstellung.

		ℳ	₰
1.	Titel I	45 000	—
2.	Titel II	4 291	50
3.	Titel III	275	—
4.	Titel V	40	—
5.	Titel VI	215	—
6.	Titel VII	39	—
7.	Titel VIII	100	—
8.	Titel IX	5	—
9.	Titel X	3	—
10.	Titel XI	220	—
11.	Titel XII	164	—
12.	Titel XIII	214	—
13.	Titel XIV	675	—
14.	Titel XV	1 820	—
15.	Titel XVI	1 060	—
16.	Titel XVIII	2	—
17.	Titel XIX	11	—
	Summa	54 134	50
	Hiervon Titel XXI mit	240	—
	Summa	53 894	50

Die Richtigkeit und Vollständigkeit des vorstehenden Verzeichnisses versichern hiermit.

N., den 10. Januar 1900.

Rudolf S... Vormund. August O... Gegenvormund (Beistand).

Die Richtigkeit der abgegebenen Taxe versichern hiermit amtseidlich.

N., den 10. Januar 1900.

Hermann S... Gemeindevorsteher. Richard B... Schöffe. Bernhard A... Schöffe.

Gottfried Michel, Gemeindeschreiber.

Anlage B.

Verzeichnis der Wertpapiere, welche nach § 1807 Nr. 2, 3, 4 des B. G. B. und Art. 74 des A. G. z. B. G. B. zur Anlegung von Mündelgeldern als geeignet erklärt sind:

A. Verbriefte Forderungen gegen das Reich oder einen Bundesstaat (§ 1807 Nr. 2 d. B. G. B.), zum Beispiel:

Deutsche Reichsanleihe A. . . . verzinslich mit 3½ bzw. 3 %,
Preußische Staatsanleihe . . . „ „ 3½ — 3 „

Preußische Staatsschuldscheine . .	verzinslich	mit	3½	%
Badische Anleihe	"	"	3½	"
Badische Prämienanleihe	"	"	4 bzw. 3	"
Bayerische Staatsanleihe	"	"	3½	"
Bayerische Prämienanleihe	"	"	3½	"
Bremer Anleihe	"	"	3½—3	"
Großherzogl. Hessische Anleihe . .	"	"	3 —3½	"
Hamburger Staatsrente	"	"	3½—3	"
Hamburger Staatsanleihe	"	"	3½—3	"
Lübecker Staatsanleihe	"	"	3 bzw. 3½	"
Mecklenburger konf. Staatsanleihe .	"	"	3½	"
Oldenburger konf. Staatsanleihe .	"	"	3½	"
Sächsische Staatsanleihe	"	"	3½	"
Sächsische Staatsrente	"	"	3	"
Württemberger Staatsanleihe . . .	"	"	3½	"

B. Verbriefte Forderungen, deren Verzinsung von dem Reiche oder einem Bundesstaat gewährleistet sind, das sind Prioritäts-Obligationen und Stamm-Aktien der Eisenbahnen (§ 1807 Nr. 3 d. B. G. B.), zum Beispiel:

Bergisch-Märkische Eisenbahn-Obligationen,	verzinslich	mit	3½	%
Berlin-Potsdam-Magdeburger Eisenb.-Oblig.,	"	"	4	"
Lübeck-Büchener Eisenbahn-Obligationen,	"	"	4	"
Magdeburg-Wittenberger Eisenbahn-Oblig.,	"	"	3	"
Niederschlesisch-Märkische Eisenbahn-Aktien,	"	"	4	"

C. Pfandbriefe, sowie verbriefte Forderungen jeder Art gegen eine inländische kommunale Körperschaft oder die Kreditanstalt einer solchen Körperschaft, sofern sie von dem Bundesrat zur Anlegung von Mündelgeld für geeignet erklärt sind, das sind Stadt-, Kreis- und Provinzial-Obligationen (§ 1807 Nr. 4 d. B. G. B. u. Art. 74 Nr. 2 d. A. G. z. B. G. B.), zum Beispiel:

Berliner Stadtobligationen . . .	verzinslich	mit	3½	%
Breslauer "	"	"	3½	"
Casseler Stadtanleihe	"	"	3½	"
Charlottenburger Stadtobligationen .	"	"	4 bzw. 3½	"
Dessauer Stadtobligationen . . .	"	"	4 —3½	"
Dortmunder "	"	"	3½	"
Dresdener "	"	"	3½	"
Duisburger Stadtobligationen . . .	"	"	3½	"
Elberfelder "	"	"	3½	"
Essener "	"	"	3½	"
Flensburger "	"	"	3½	"
Görlitzer "	"	"	3½	"
Hallesche "	"	"	3½	"
Hannoversche "	"	"	3½	"
Inowrazlawer "	"	"	3½	"
Kieler "	"	"	3	"

Königsberger	Stadtobligationen	verzinslich	mit	$3\frac{1}{2}$	%
Landsberger	„	„	„	$3\frac{1}{2}$	„
Laubaner	„	„	„	$3\frac{1}{2}$	„
Liegnitzer	„	„	„	$3\frac{1}{2}$	„
Ludwigshafener	„	„	„	4	„
Lübecker	„	„	„	3	„
Magdeburger	„	„	„	$3\frac{1}{2}$	„
Mainzer	„	„	„	$3\frac{1}{2}$ bzw. 4	„
Münchener	„	„	„	$3\frac{1}{2}$	„
Nürnberger	„	„	„	$3\frac{1}{2}$	„
Offenburger	„	„	„	3 — $3\frac{1}{2}$	„
Pforzheimer	„	„	„	$3\frac{1}{2}$	„
Pirmasenser	„	„	„	4	„
Posener	„	„	„	$3\frac{1}{2}$	„
Potsdamer	„	„	„	4	„
Rixdorfer	„	„	„	4	„
Rostocker	„	„	„	$3\frac{1}{2}$—3	„
Spandauer	„	„	„	4 — $3\frac{1}{2}$	„
Stargardter	„	„	„	$3\frac{1}{2}$	„
Stettiner	„	„	„	$3\frac{1}{2}$	„
Stralsunder	„	„	„	4	„
Thorner	„	„	„	$3\frac{1}{2}$	„
Weimarische	„	„	„	$3\frac{1}{2}$	„
Wormser	„	„	„	4	„
Tost-Gleiwitzer	Kreisobligationen	„	„	$3\frac{1}{2}$	„
Teltower	„	„	„	$3\frac{1}{2}$	„
Hannoversche	Provinzialobligationen	„	„	3 u. $3\frac{1}{2}$	„
Pommersche	„	„	„	$3\frac{1}{2}$	„
Posener	„	„	„	$3\frac{1}{2}$—3	„
Rheinprovinz-Obligationen		„	„	$3\frac{1}{2}$—3	„
Schleswig-Holsteinische Prov.-Oblig.		„	„	$3\frac{1}{2}$	„
Westfälische	Provinzialobligationen	„	„	3 — $3\frac{1}{2}$	„
Westpreußische	„	„	„	$3\frac{1}{2}$	„

D. Rentenbriefe der zur Ablösung von Renten in Preußen bestehenden Rentenbanken (Art. 74 Nr. 1 d. A. G. z. B. G. B.), zum Beispiel:

Hannoversche	Rentenbriefe	verzinslich	mit	4 bzw. $3\frac{1}{2}$	%
Hessen-Nassauische	Rentenbriefe	„	„	4 u. $3\frac{1}{2}$	„
Kur- u. Neumärkische	„	„	„	4 u. $3\frac{1}{2}$	„
Pommersche	Rentenbriefe	„	„	4 u. $3\frac{1}{2}$	%
Posensche	„	„	„	4 u. $3\frac{1}{2}$	„
Preußische	„	„	„	4 u. $3\frac{1}{2}$	„
Rheinisch-Westfälische	„	„	„	4 u. $3\frac{1}{2}$	„
Sächsische	„	„	„	4 u. $3\frac{1}{2}$	„
Schlesische	„	„	„	4 u. $3\frac{1}{2}$	„
Schleswig-Holsteinsche	„	„	„	4 u. $3\frac{1}{2}$	„

und andere.

E. Die mit staatlicher Genehmigung ausgegebenen Pfandbriefe und gleichartigen Schuldverschreibungen einer Kreditanstalt der im Art. 73, § 1, Abs. 2 d. A. G. z. B. G. B. bezeichneten Art, Art. 74 Nr. 3 des A. G. z. B. G. B., zum Beispiel:

Landschaftliche Zentral-Pfandbriefe,		verzinsl. m.	4 bzw. $3^1/_2$ bzw. 3	%,
Kur- u. Neumärkische Pfandbriefe . .		„ „	$3^1/_2$—4	„
Ostpreußische	„ . .	„ „	3 —$3^1/_2$	„
Pommersche	„ . .	„ „	3 —$3^1/_2$	„
Posensche	„ . .	„ „	4—$3^1/_2$—3	„
Sächsische	„ . .	„ „	4—$3^1/_2$—3	„
Sächsische landwirtschaftl.	„ . .	„ „	4—$3^1/_2$—3	„
Schlesische	„ . .	„ „	4—$3^1/_2$—3	„
Westfälische	„ . .	„ „	4—$3^1/_2$—3	„
Westpreußsche	„ . .	„ „	$3^1/_2$—3	„

F. Auf den Inhaber lautende Schuldverschreibungen, welche von einer preußischen Hypotheken-Aktien-Bank auf Grund von Darlehen an inländische Körperschaften des öffentlichen Rechts oder von Darlehen, für welche eine solche Körperschaft die Gewährleistung übernommen hat (Art. 74 Nr. 4 des A. G. z. B. G. B.), zum Beispiel:

Preußische Zentral-Boden-Kredit-Kommunal-Obligationen, verzinslich zu $3^1/_2$ %,

Preußische Pfandbriefbank-Kommunal-Pfandbriefe, verzinslich zu $3^1/_2$ %,

Schlesische Boden-Kredit-Kommunal-Obligationen, verzinslich zu $3^1/_2$ %.

Anlage C.

Verwaltungs-Rechnung

über das Vermögen des am 15. Januar 1900 geborenen Karl Gustav Keller zu N. auf die Zeit vom 1. April 1900 bis 31. März 1901.

Datum	Lfd. Nr.	Bestand laut Teilungsplan vom 1. April 1900.	M	Pf
1. 4. 1900.		1. Das städtische Sparkassenbuch Nr. 85 457	332	93
		2. Das städtische Sparkassenbuch Nr. 51 877	156	55
		3. Das städtische Sparkassenbuch Nr. 51 880	8	51
		4. Das städtische Sparkassenbuch Nr. 41 665	661	86
		Summa	1 159	85
		Einnahmen.		
		3 % Zinsen vom 1. 4. 1900 bis 31. 3. 1901 von den Sparkassenbüchern:		
		Nr. 85 457	9	96
		Nr. 51 877	4	68
		Nr. 51 880	—	24
		Nr. 41 665	30	46
		Summa	1 205	09

Datum	Lfd. Nr.	Ausgaben.	ℳ	₰
		Gerichtskosten laut Belag Nr. 1, 1 ℳ 60 ₰, Anschaffung von Sachenbelag Nr. 2—5 25 ℳ	26	60
		Bestand Summa	1 178	59
		Die Ausgaben sind von den Zinsen des Sparkassenbuches Nr. 41 665 bestritten und sind daher diesem Sparkassenbuch nur 3,86 ℳ zugeschrieben worden.		
		Es lauten daher vom 31. 3. 1901 die Sparkassenbücher:		
		Nr. 85 457 über	342	89
		Nr. 51 877 über	161	23
		Nr. 51 880 über	8	75
		Nr. 41 665 über	665	72
		Das ist der Bestand	1 178	59

Die Richtigkeit und Vollständigkeit sowie die Uebereinstimmung mit dem Vermögensbestande versichere ich hiermit.

N, den 2. April 1901.

Krause,
Vormund.

Obige Rechnung habe ich durchgesehen und stimmt diese mit dem mir vorgelegten Vermögensbestande überein.

N., den 3. April 1901.

Müller,
Gegenvormund.

Sachregister.

W. & S. Loewenthal, Berlin C.

W. & S. Loewenthal, Berlin C.

FSC
www.fsc.org
MIX
Papier | Fördert gute Waldnutzung
FSC® C083411

Kolibri 360 GmbH
Ferdinand-Jühlke-Straße 7
99095 Erfurt, Deutschland
produktsicherheit@kolibri360.de